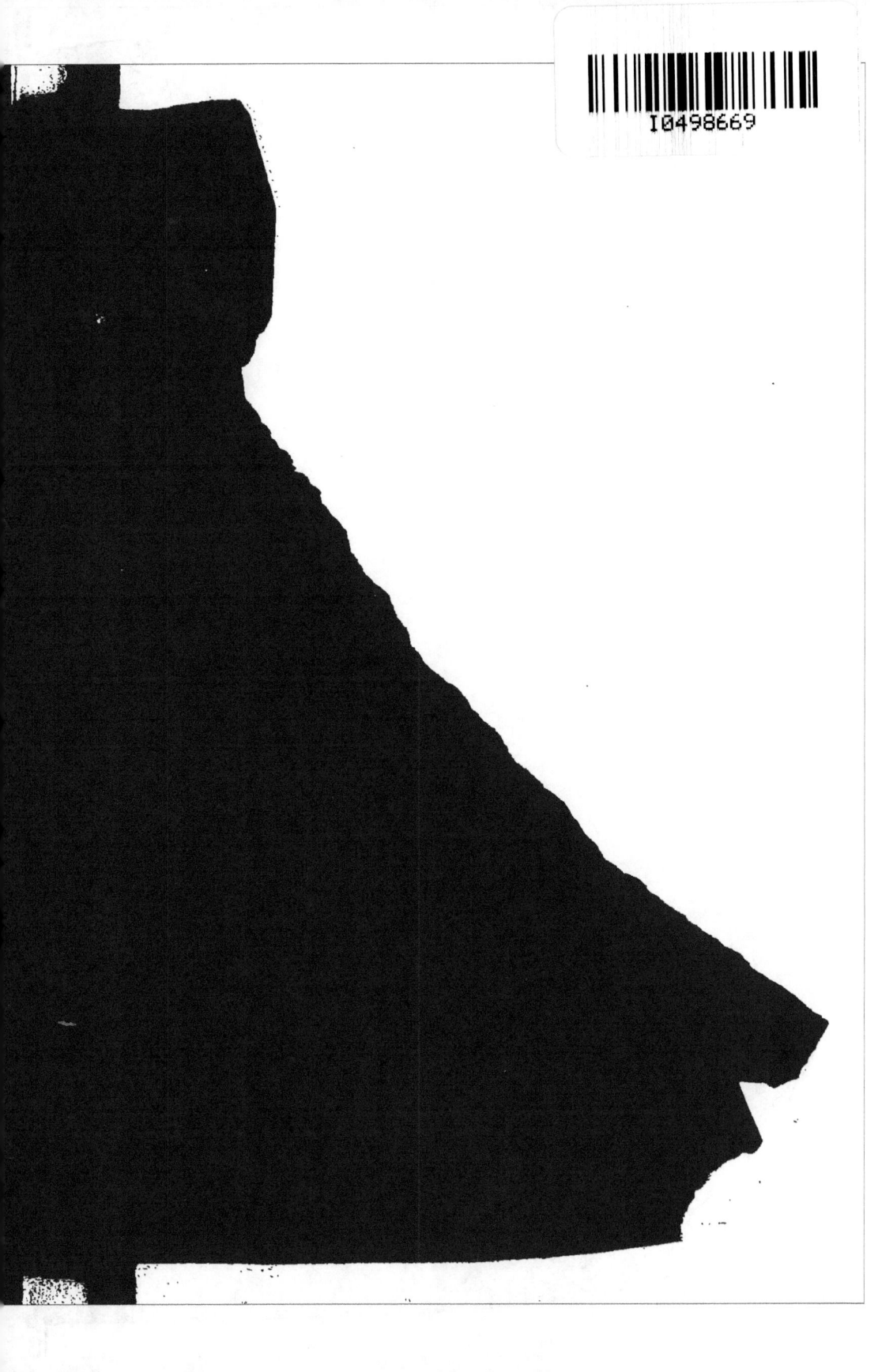

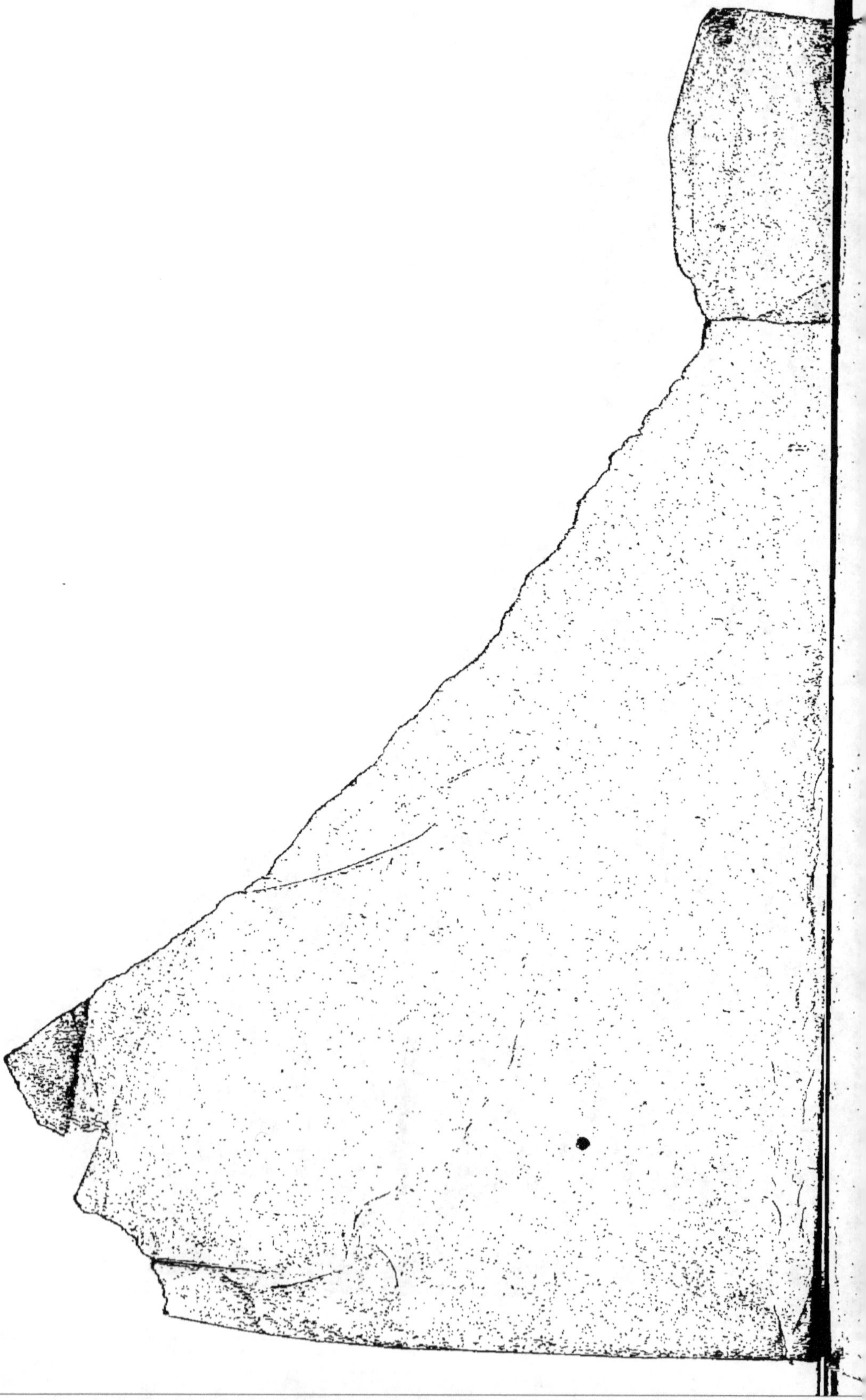

HOMMAGE

A LA

SOCIÉTÉ DE STATISTIQUE

des Arts utiles et des Sciences naturelles,

DU DÉPARTEMENT DE LA DROME.

Camille Choisnard,

membre titulaire.

LA

CLEF DU DESSIN,

OU

MÉTHODE SIMPLE ET RAPIDE

POUR APPRENDRE A DESSINER;

PAR

CAMILLE CHOISNARD,

Peintre, Maître de Dessin au Collége de Valence.

32 Planches avec Texte explicatif.

VALENCE,

DE L'IMPRIMERIE DE MARC AUREL FRÈRES.

1845.

INTRODUCTION.

Tant de jeunes Élèves se dégoûtent de l'étude du Dessin, qu'ils croyaient devoir trouver agréable, même dès le début, que, soutenu d'un peu d'expérience, je me suis décidé, non sans beaucoup de réflexion, à tracer en quelques mots une méthode aussi simple et aussi rapide que je l'ai pu concevoir.

Peut-être ce livre serait-il plus complet et plus dans les vues de l'Auteur, s'il traitait du corps humain dans son ensemble, avant d'en détacher une partie ; mais j'ai cru devoir me dispenser, pour plusieurs raisons, de traiter ici un sujet pour lequel je pense plus convenable de faire une brochure à part.

Je ne m'occuperai donc ici que de la tête, qui, considérée dans son ensemble et ses détails, peut offrir aux amateurs une étude assez étendue et assez agréable, et servir de bases solides et indispensables aux jeunes artistes, puisqu'elle doit servir d'échelle de proportions dans l'étude académique.

Pensant que le but des étudiants, en général, doit être de pouvoir faire le portrait, c'est-à-dire dessiner d'après nature, le plus promptement possible, voici la méthode que j'ai adoptée :

Trois modèles en plâtre suffisent pour conduire à dessiner un portrait d'après nature.

Le premier modèle figure une tête nue et dépourvue de tous ses détails, dont la place doit être indiquée par de simples lignes. (Voyez *la première tête de face, de trois quarts et de profil*).

Le deuxième modèle contient de plus les différents détails de la tête, mais simplement ébauchés. (Voyez *la deuxième tête de face, de trois quarts et de profil*).

Le troisième modèle est une tête entièrement finie. (Voyez *la troisième tête de face, de trois quarts et de profil*).

Pour quatrième modèle on prend la nature.

On apprend, sur le premier modèle, la forme de la tête et la place de ses détails ;

Sur le deuxième, l'ensemble de chaque détail en particulier, et la manière de les indiquer ;

Sur le troisième, la forme exacte de toutes les parties de la tête.

Les ombres étant également graduées, pour la difficulté, dans des modèles ainsi conçus, on doit au fur et à mesure apprendre à les tracer sévèrement. (Voyez *les planches ombrées*).

Les quatre modèles peuvent être pris dans la même position et avec la même distribution de lumière. On choisit aussi une des positions les plus simples pour le portrait, afin de parvenir le plus promptement possible au but que l'on s'est proposé.

Chaque fois qu'un dessin est terminé, l'élève doit le faire de souvenir et dans des proportions différentes (il doit en un mot faire une rédaction), afin d'apprendre ainsi à rendre ses idées et à ne rien faire qu'il ne puisse raisonner. (Ce livre est fait dans le but d'aider l'élève à dessiner sans le modèle).

D'après cette méthode, on passe de l'ensemble

aux détails, du simple au composé. Telle est la marche qu'il faut toujours suivre pour dessiner, dans quelque genre que ce soit.

J'ai cherché à observer, autant que possible, dans mes explications, les changements que la perspective fait éprouver aux différentes parties de la tête. Je n'ai tenu compte que des plus sensibles, que l'on ne pouvait soustraire impunément.

NOTA. A défaut de modèles de plâtre, on pourrait apprendre sur de semblables modèles tracés, mais dans de plus grandes dimensions. Quelle que soit, du reste, la méthode que l'on fasse suivre, ce livre ne peut qu'être fort utile aux élèves, pour les notions qu'il renferme.

NOTIONS

PRÉLIMINAIRES.

Toutes les positions de la tête peuvent se rapporter à neuf principales :

TÊTE DE FACE. . . .	vue directement. vue en dessous. vue en dessus.
TÊTE DE TROIS QUARTS	vue directement. vue en dessous. vue en dessus.
TÊTE DE PROFIL . . .	vue directement. vue en dessous. vue en dessus.

NOTA. J'ai cependant cru rendre ce livre plus complet, en

donnant à la fin un trait des trois têtes intermédiaires et de quelques détails de la Tête qui m'ont paru indispensables.

Une tête est *vue directement*, lorsque la ligne des yeux est juste à la hauteur de notre œil;

Vue en dessous, lorsque la ligne des yeux est plus élevée que notre œil;

Vue en dessus, lorsque la ligne des yeux est moins élevée que notre œil.

On entend par *face* la partie charnue de la tête s'étendant, en longueur, depuis le sommet du front jusqu'au commencement du cou, et, en largeur, d'une oreille à l'autre. L'oreille est en dehors de la face.

Tête de face vue directement.

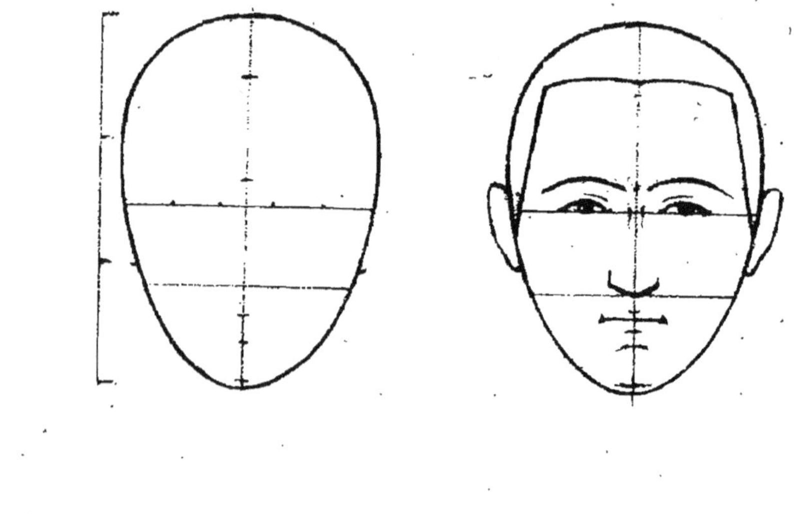

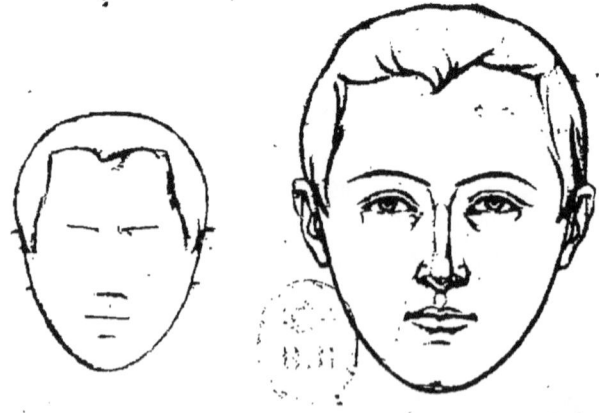

C. C. invt

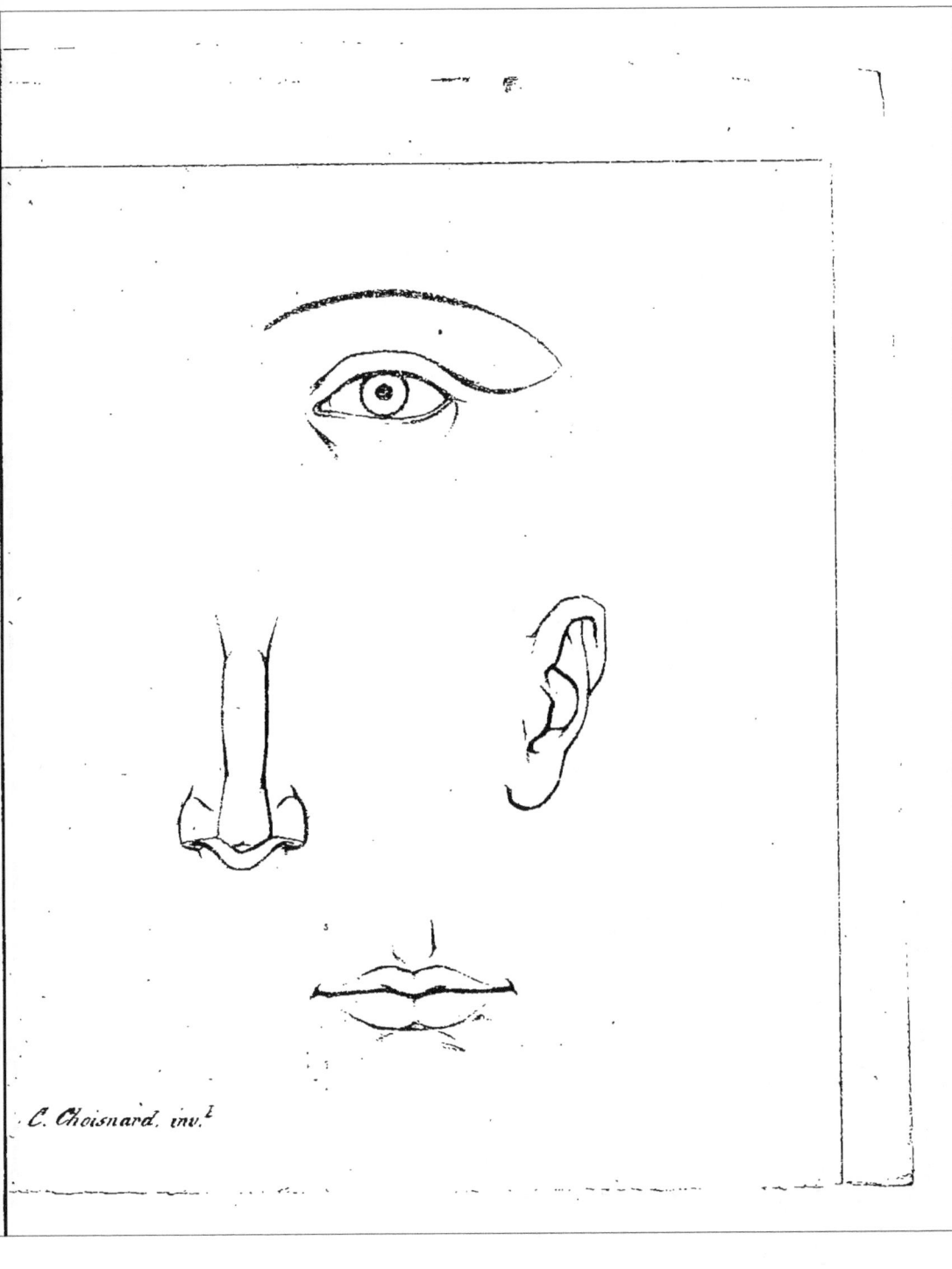

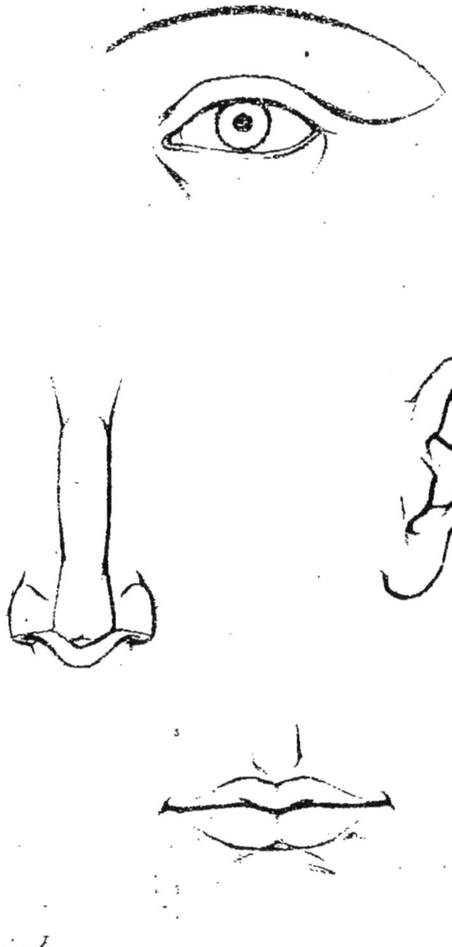

C. Choisnard, inv.t

TÊTE DE FACE

vue directement.

La tête de face, vue directement, figure un ovale dont la largeur, prise à la moitié de la hauteur, en fait les deux tiers. L'ovale s'élargit un peu à sa partie supérieure, et s'aplatit à ses côtés inférieurs.

La face prend toute la largeur de la tête.

La ligne qui indique le milieu de la face, et doit passer aussi au milieu de chaque trait, est droite et partage la face en deux parties égales.

La ligne des yeux passe au milieu de la hauteur de la tête ; elle est droite.

Il y a cinq fois la longueur de l'œil, dans la

largeur de la face; et, entre les deux yeux, la longueur d'un œil;

Les sourcils se marquent au-dessus de la ligne des yeux, à distance d'un demi-œil;

Le nez, à la moitié des sourcils au bas de la face;

Le menton, à la moitié du nez au bas de la face;

La bouche, au milieu du nez et du menton;

Le front a, en hauteur, la longueur du nez;

L'oreille est élevée d'un demi-œil au-dessus de la ligne du nez; elle se place en dehors de la face.

Toutes les lignes sur lesquelles sont placées ces différentes parties de la tête sont parallèles.

Les sourcils sont séparés d'un demi-œil.

Le sourcil suit l'œil à peu près parallèle, et s'étend au-delà.

Le nez est perpendiculaire, en commençant sur la ligne des yeux; et deux lignes abaissées des extrémités intérieures des yeux, et parallèles à la ligne du milieu de la face, déterminent sa largeur. Les deux narines s'élèvent un peu au-dessus de la ligne du nez. La racine du nez prend, de chaque côté de la ligne du milieu de la face, un tiers de la distance jusqu'au coin de l'œil ; elle est sur la ligne des yeux.

La bouche s'étend au-delà des côtés du nez, de la moitié de la largeur de chacun d'eux ; elle a un œil et demi de longueur.

Le menton ne prend, en grosseur, que les trois quarts, depuis sa ligne jusqu'au bas de la face.

L'oreille s'élève jusqu'au sourcil ; elle a, en largeur, le tiers de sa hauteur.

La racine des cheveux forme, au sommet du front, une ligne parallèle aux sourcils, aussi loin qu'ils s'étendent, et forme ensuite une ligne droite qui va tomber au milieu de l'oreille.

Tête de face vue en dessous

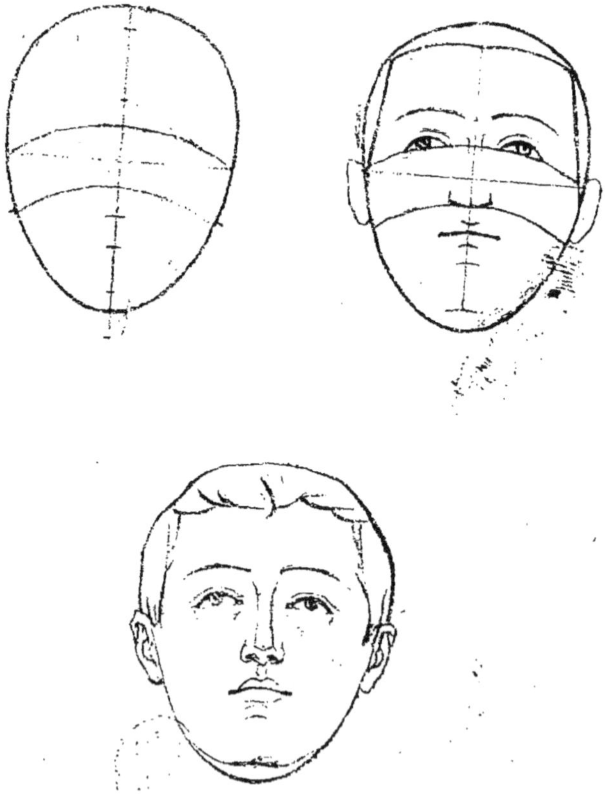

C.C. inv.t

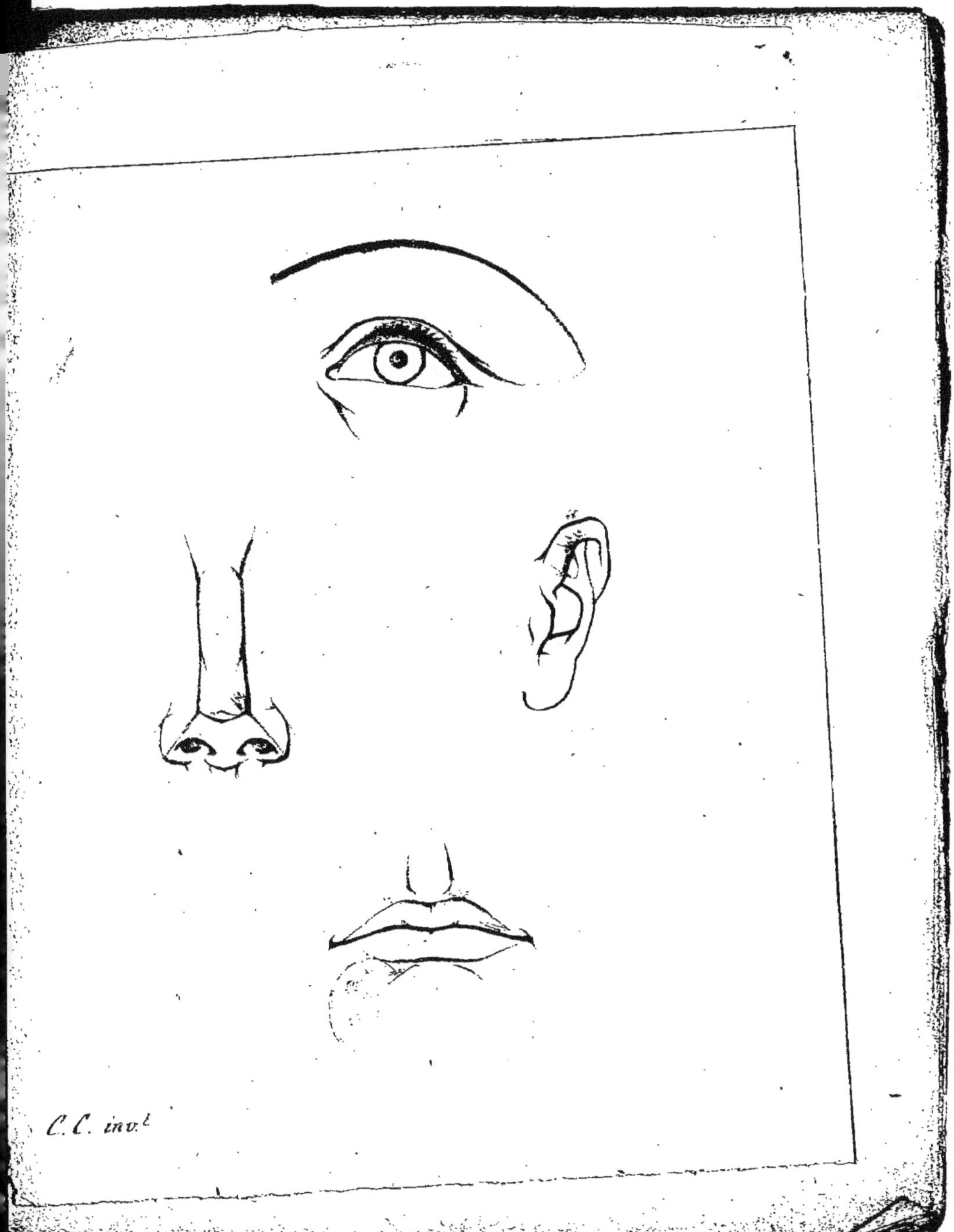
C.C. inv.t

TÊTE DE FACE

vue en dessous.

La tête de face vue en dessous devient plus courte, moins plate à ses côtés inférieurs et un peu aplatie à son sommet.

La ligne des yeux devient courbe (concave); elle s'élève d'autant que la tête se raccourcit; mais ses extrémités retombent toujours aux extrémités de la ligne droite qui passerait au milieu de la hauteur de la tête.

Les sourcils s'élèvent d'un peu plus d'un demi-œil au-dessus de la ligne des yeux.

Le nez est moins grand que la moitié des sourcils au bas de la face; les deux narines se rapprochent de la ligne du nez; le bout du nez s'élève, et sa racine est au-dessus de la ligne des yeux.

Le menton est plus grand que la moitié du nez au bas de la face; il ne prend, en grosseur, que les deux tiers, depuis sa ligne jusqu'au bas de la face.

La bouche est plus près du nez que du menton;

Le front, moins élevé que la longueur du nez.

L'oreille se rapproche de la ligne du nez, et descend au-dessous du sourcil d'un peu plus qu'elle ne se rapproche de la ligne du nez; elle ne diminue pas de largeur.

Plus la tête est vue en dessous, plus ces remarques sont sensibles.

Tête de face vue en dessus

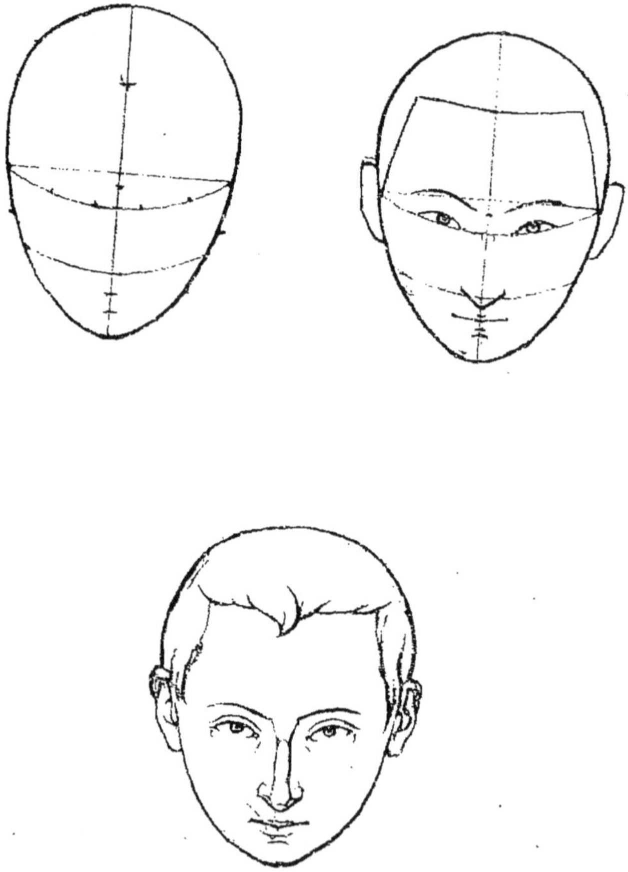

C. C. inv.t

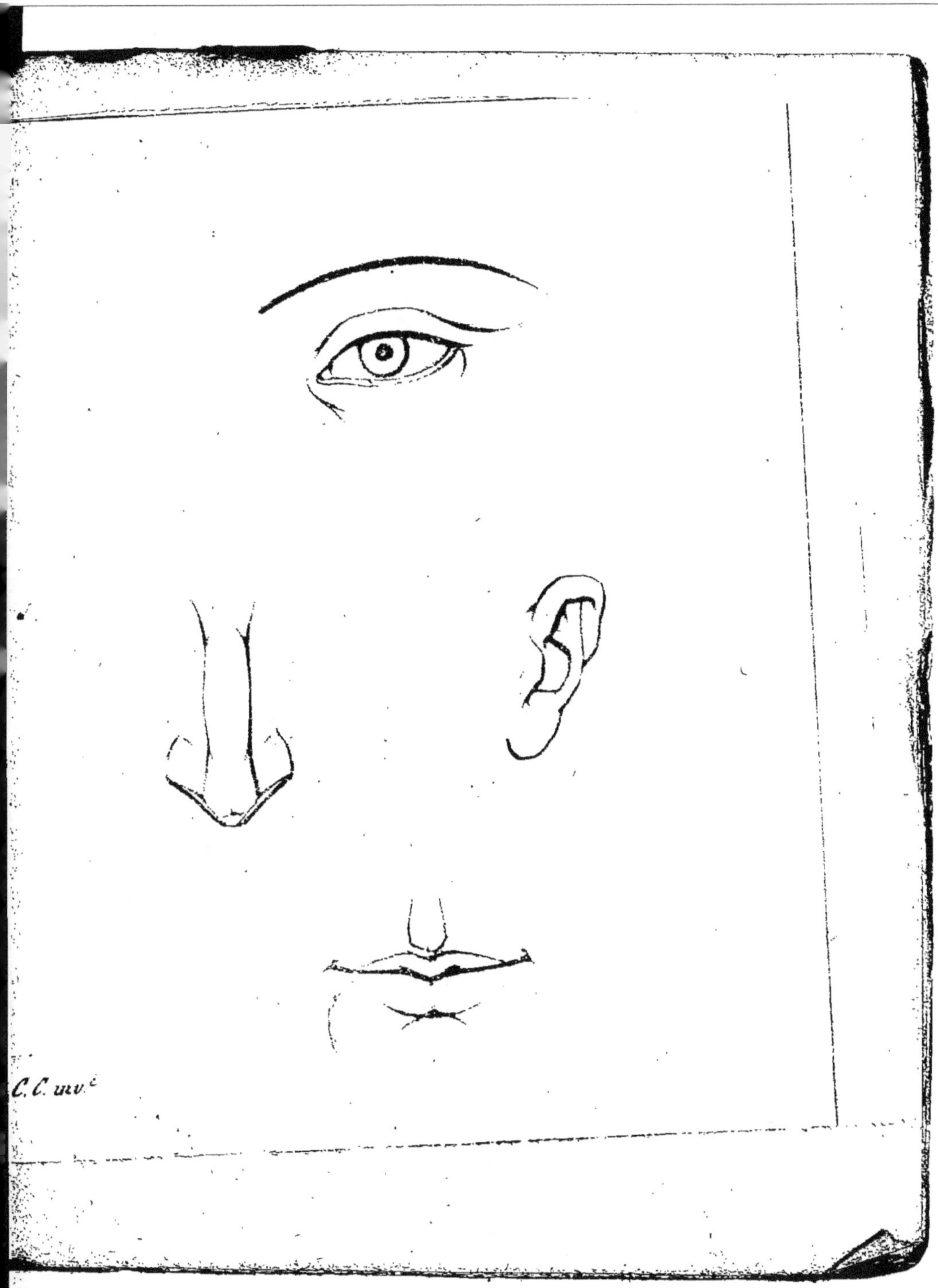

C. C. inv.^c

TÊTE DE FACE

vue en dessus.

La tête de face vue en dessus devient un peu moins plate à ses côtés inférieurs.

La ligne des yeux devient courbe (convexe); mais ses extrémités remontent toujours aux extrémités de la ligne droite qui passerait au milieu de la hauteur de la tête.

Les sourcils s'élèvent d'un peu moins d'un demi-œil au-dessus de la ligne des yeux.

Le nez est plus grand que la moitié des sourcils au bas de la face; les deux narines se rapprochent de la ligne du nez; le bout du nez descend au-dessous de la ligne; la racine du nez est au-dessous de la ligne des yeux.

Le menton est moins grand que la moitié du nez au bas de la face; il prend, en grosseur, toute la distance depuis sa ligne jusqu'au bas de la face.

La bouche est plus près du nez que du menton;

Le front, plus élevé que la longueur du nez;

L'oreille, de plus d'un demi-œil au-dessus de la ligne du nez, et s'élève un peu au-dessus du sourcil; elle ne diminue pas de largeur.

Plus la tête est vue en dessus, plus ces remarques sont sensibles. Le menton même et la bouche pourraient disparaître entièrement : la tête alors deviendrait plus courte.

Tête de trois-quarts vue directement.

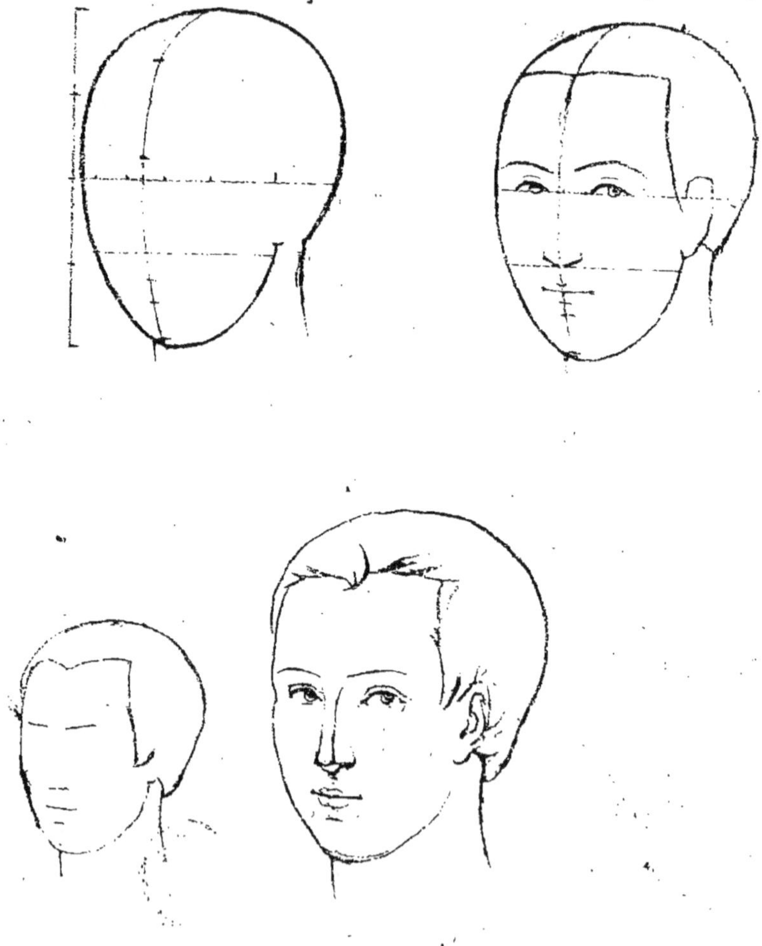

C. C. inv.t

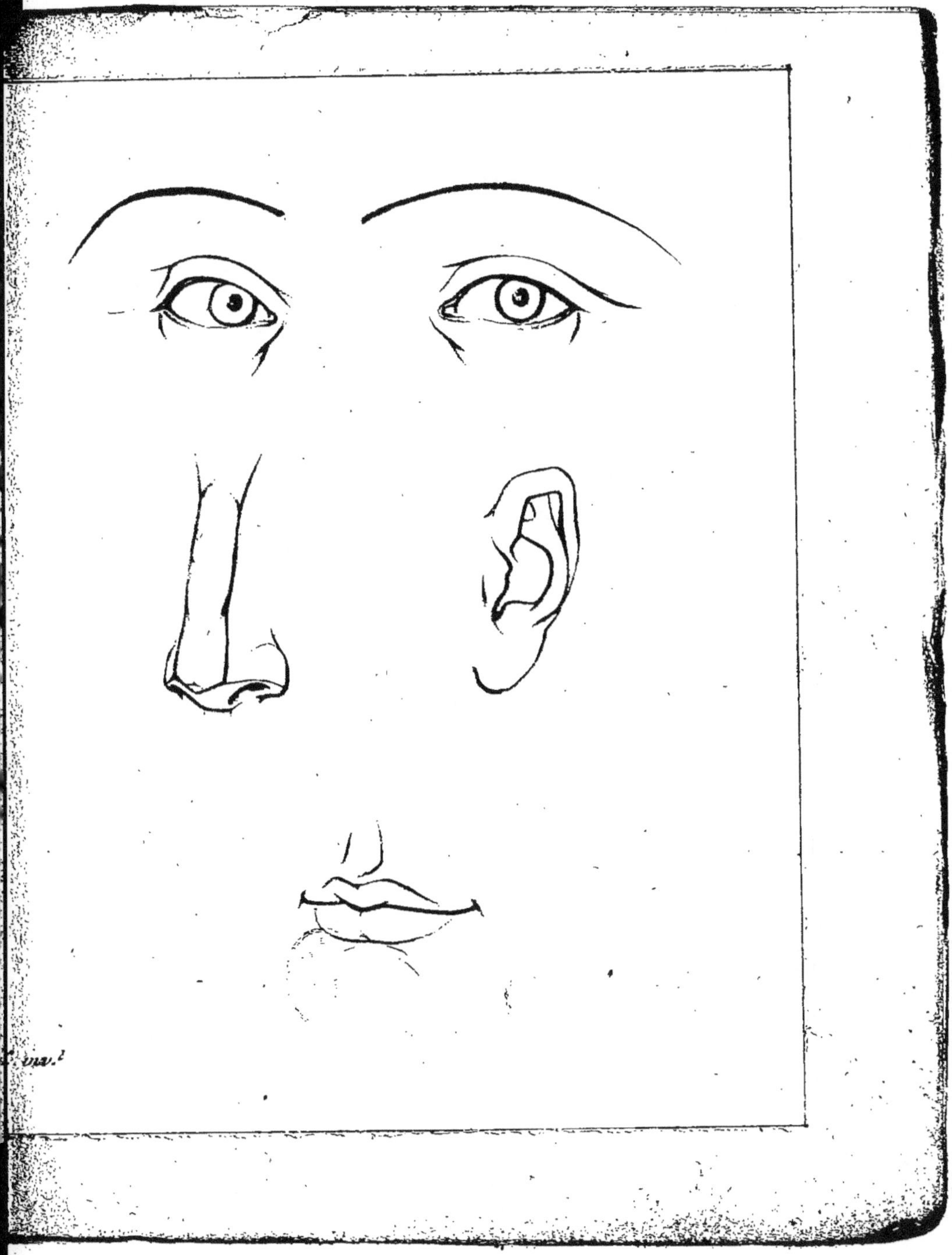
inv.t

TÈTE DE TROIS QUARTS

vue directement.

La tête de trois quarts vue directement figure un ovale dont la largeur, prise à la moitié de la hauteur, en fait les trois quarts. L'ovale s'aplatit à sa partie inférieure, et s'élargit un peu à sa partie supérieure. La partie postérieure de la tête forme une courbe plus prononcée que du côté de la face; la chute du crâne, c'est-à-dire la naissance du cou, est au tiers de la hauteur de la tête.

La face ne prend que les trois quarts de la largeur de la tête.

La ligne qui indique le milieu de la face, et doit passer aussi au milieu de chaque trait, devient courbe, surtout à sa partie supérieure, et se place au tiers de la largeur de la face (au quart de toute la tête); il y a donc un côté de la face qui est, en largeur, le double de l'autre.

La ligne des yeux passe au milieu de la hauteur de la tête; elle est droite.

Il y a, dans la largeur de la face, cinq yeux : deux du petit côté, trois du grand. Ceux du petit côté sont plus courts. Le coin extérieur de l'œil du grand côté de la face se marque au milieu de la largeur de celle-ci et de la largeur de toute la tête, de sorte que, mettant un œil et demi de chaque côté de ce point, la longueur d'œil supposée entre les deux yeux, sera plus courte que l'œil du grand côté de la face et plus grande que celui du petit côté; car il doit y avoir de chaque côté de la ligne du milieu de la face un demi-œil pris de chacun de ses côtés. (Le petit côté de la face se divise en trois parties égales).

Les sourcils se marquent au-dessus de la ligne des yeux, à distance d'un demi-œil pris du grand côté de la face;

Le nez, à la moitié des sourcils au bas de la face;

Le menton, à la moitié du nez au bas de la face;

La bouche, au milieu du nez et du menton.

Le front a, en hauteur, la longueur du nez.

L'oreille est élevée d'un peu moins d'un demi-œil au-dessus de la ligne du nez; elle se place aux trois quarts de la largeur de la tête, mais en dehors de la face.

Toutes les lignes sur lesquelles sont placées ces différentes parties de la tête, sont parallèles.

Les sourcils sont séparés de la moitié de la distance comprise entre les deux yeux. Le sourcil suit l'œil à peu près parallèle, et s'étend au-delà.

Le nez prend une direction oblique, comme celle du front, en commençant sur la ligne des yeux, et deux lignes abaissées des extrémités intérieures des yeux, et parallèles à la ligne du milieu de la face, déterminent sa largeur. Les deux narines s'élèvent un peu au-dessus de la ligne du nez. La racine du nez prend, de chaque côté de la ligne du milieu de la face, un tiers de la distance jusqu'au coin de l'œil. (Ces mesures bien prises, on observera que les yeux, étant placés sur un plan plus retiré que le nez, doivent changer de place : il suffit de mener de chacun des côtés du nez une ligne parallèle au nez lui-même, et l'on a les deux coins intérieurs des yeux; on approche ensuite le coin extérieur de l'œil du petit côté, et l'on éloigne celui du grand côté).

La bouche s'étend au-delà des côtés du nez, de la moitié de la largeur de chacun d'eux. Les lignes abaissées des extrémités du nez, pour servir à déterminer les extrémités de la bouche, doivent être parallèles à la ligne du milieu de la face. Le petit côté de la bouche s'élève un peu au-dessus de la ligne. La bouche a une fois et demie la longueur de l'œil supposé entre les deux yeux.

Le menton ne prend, en grosseur, que les trois quarts, depuis sa ligne jusqu'au bas de la face.

L'oreille s'élève jusqu'au sourcil, et prend une direction oblique comme le nez; elle a, en largeur, un peu moins de la moitié de sa hauteur.

La racine des cheveux forme, au sommet du front, une ligne parallèle aux sourcils, aussi loin qu'ils s'étendent, et forme ensuite une ligne courbe rentrant dans la face, et qui va tomber au milieu de l'oreille. La même ligne continue derrière l'oreille, pour la racine des cheveux de la partie postérieure de la tête.

Tête de trois-quarts vue en dessous

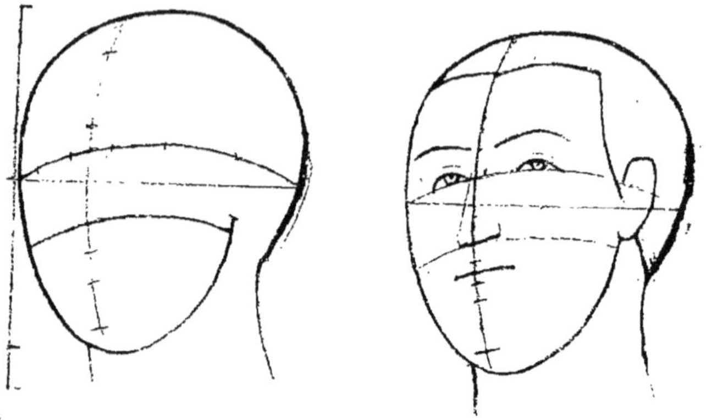

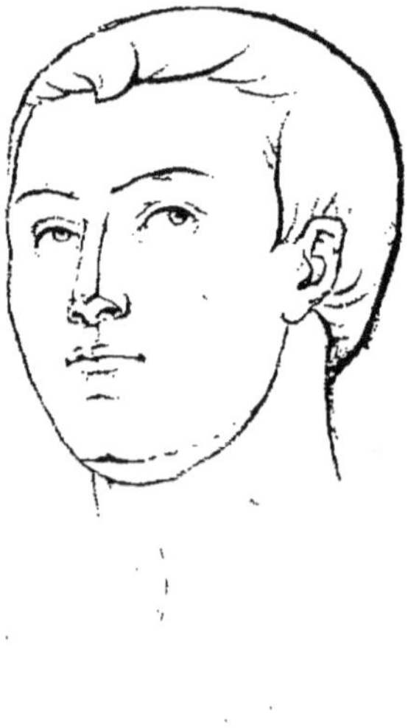

C. C. inv.t

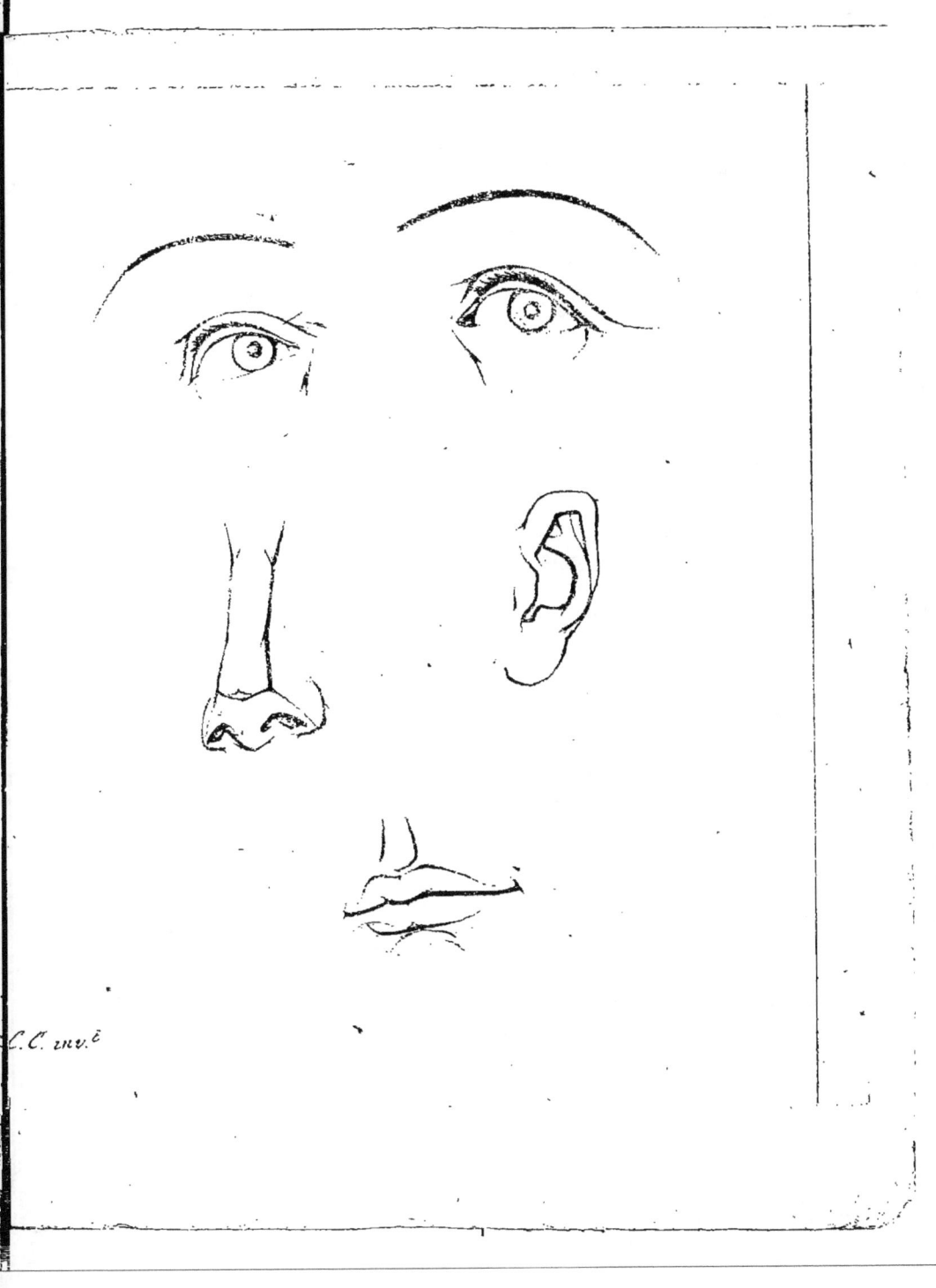

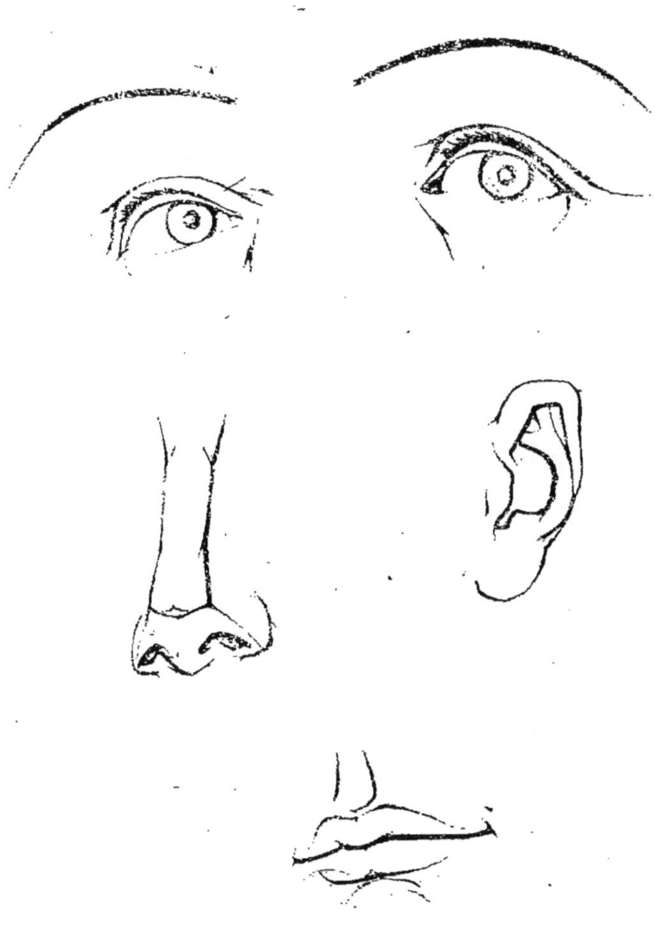

C.C. inv.t

TÊTE DE TROIS QUARTS

vue en dessous.

La tête de trois quarts vue en dessous devient plus courte et moins plate à sa partie inférieure. La chute du crâne est au tiers de la hauteur de la tête.

La ligne qui indique le milieu de la face, est moins courbe à sa partie supérieure.

La ligne des yeux devient courbe (concave); elle s'élève d'autant que la tête se raccourcit; mais ses extrémités retombent toujours aux extrémités de la ligne droite qui passerait au milieu de la hauteur de la tête.

Les sourcils s'élèvent d'un peu plus d'un demi-œil au-dessus de la ligne des yeux.

Le coin extérieur de l'œil du petit côté de la face descend un peu au-dessous de la ligne.

Le nez est moins grand que la moitié du sourcil au bas de la face ; les narines se rapprochent de la ligne ; le bout du nez s'élève ; sa racine est au-dessus de la ligne des yeux.

Le menton est plus grand que la moitié du nez au bas de la face ; il ne prend, en grosseur, que les deux tiers, depuis sa ligne jusqu'au bas de la face.

La bouche est plus près du nez que du menton ; le petit côté redescend sur la ligne.

Le front est moins élevé que la longueur du nez.

L'oreille diminue, pour la hauteur, dans les mêmes proportions que le nez, mais elle conserve sa largeur.

Plus la tête est vue en dessous, plus ces remarques sont sensibles.

Tête de trois-quarts vue en dessus

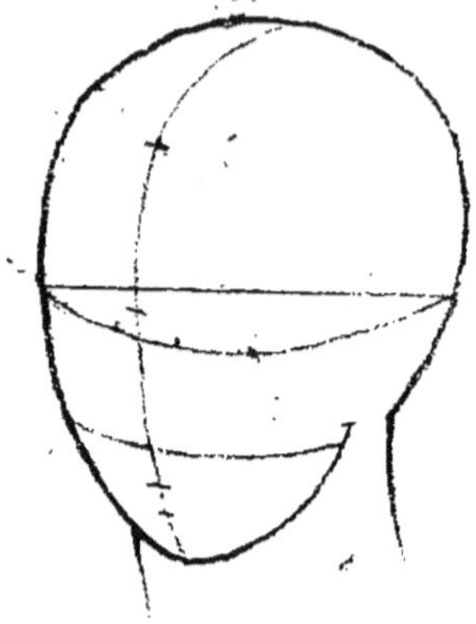

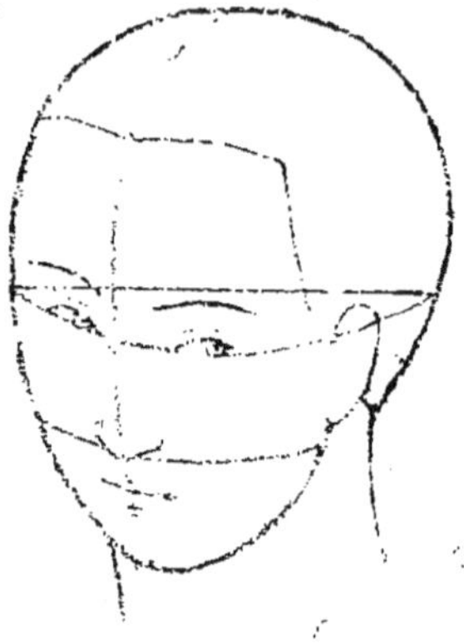

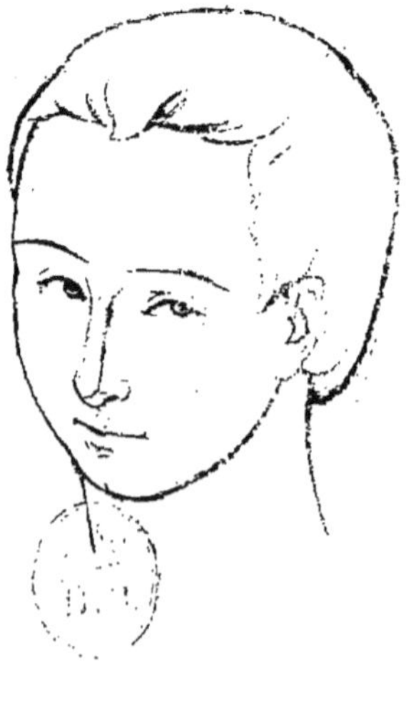

C. C. inv.t

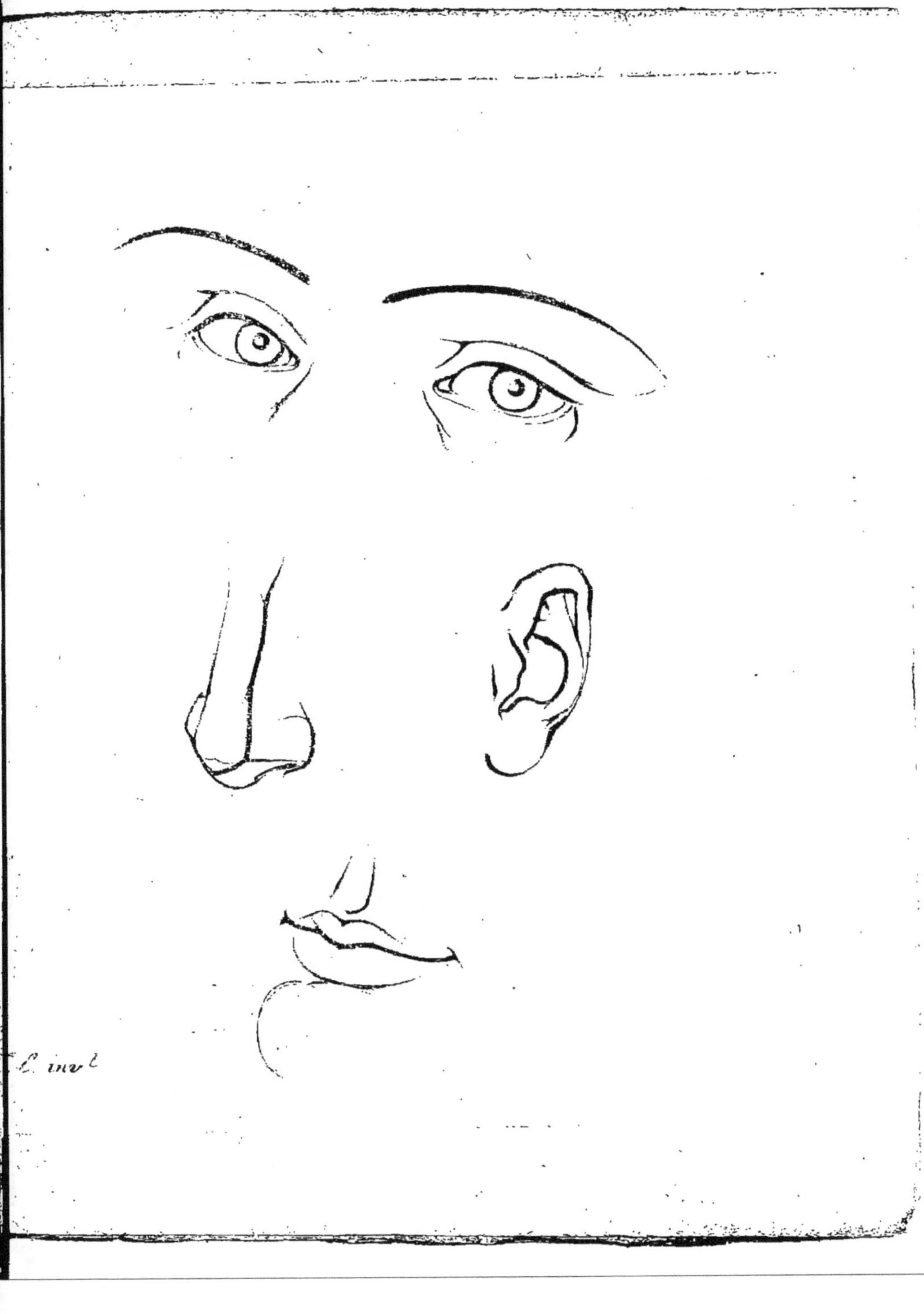
C. invt

TÊTE DE TROIS QUARTS

vue en dessus.

La tête de trois quarts vue en dessus devient moins plate à sa partie inférieure. La chute du crâne est au-dessous du tiers de la hauteur de la tête.

La ligne qui indique le milieu de la face, est plus courbe à sa partie supérieure.

La ligne des yeux devient courbe (convexe), mais ses extrémités remontent toujours aux extrémités de la ligne droite qui passerait au milieu de la hauteur de la tête.

Les sourcils s'élèvent d'un peu moins d'un demi-œil au-dessus de la ligne des yeux.

Le nez est plus grand que la moitié des sourcils au bas de la face; les deux narines se rapprochent de la ligne; le bout du nez descend au-dessous de la ligne; sa racine est au-dessous de la ligne des yeux.

Le menton est moins grand que la moitié du nez au bas de la face; il prend, en grosseur, toute la distance depuis sa ligne jusqu'au bas de la face.

La bouche est plus près du menton que du nez;

Le front, plus élevé que la longueur du nez.

L'oreille diminue, pour la hauteur, dans les mêmes proportions que le nez, mais elle conserve sa largeur.

Plus la tête est vue en dessus, plus ces remarques sont sensibles. Le menton même et la bouche pourraient disparaître entièrement : la tête alors deviendrait plus courte.

Tête de profil vue directement.

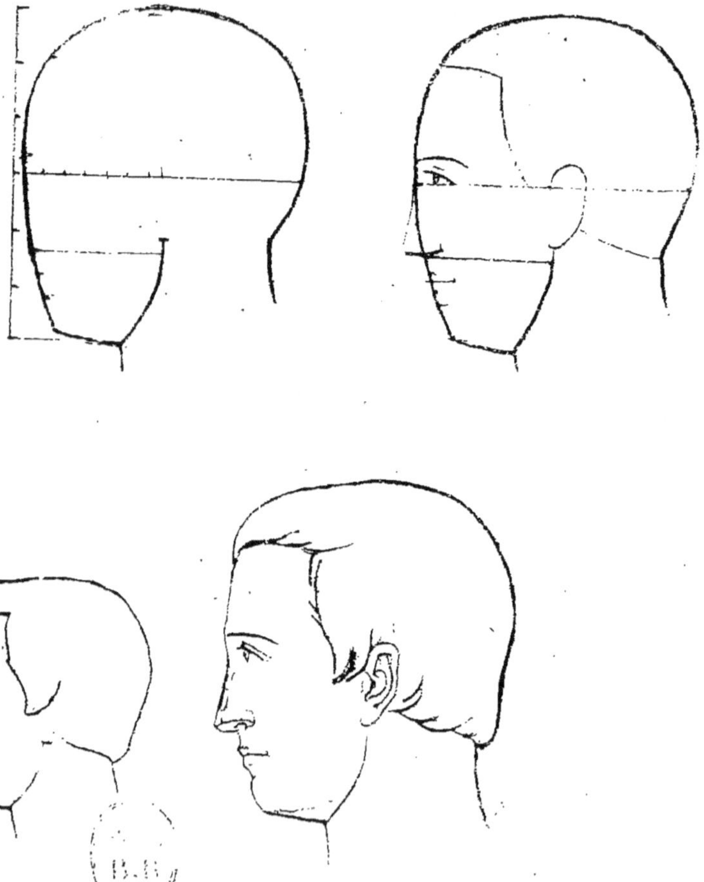

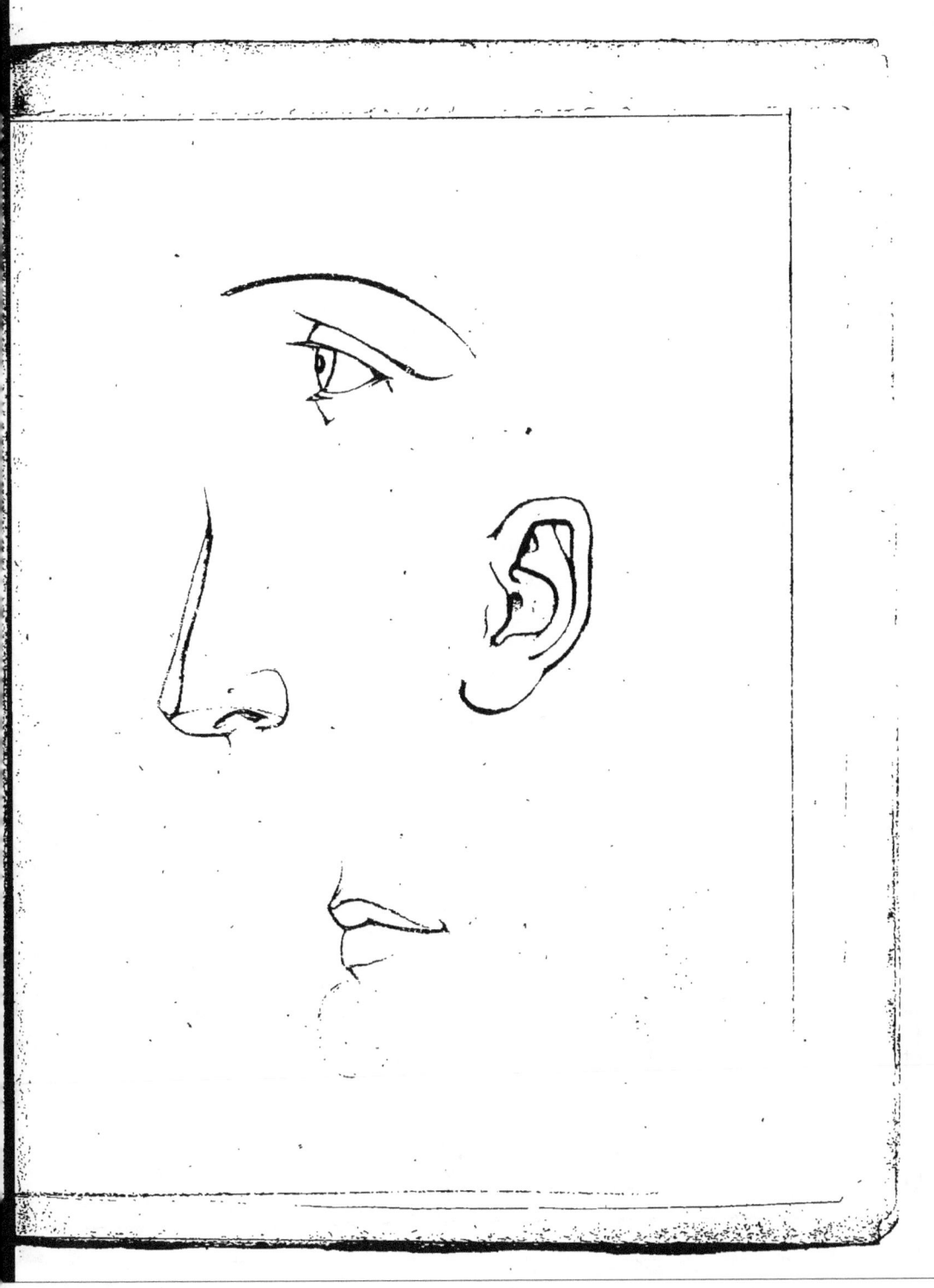

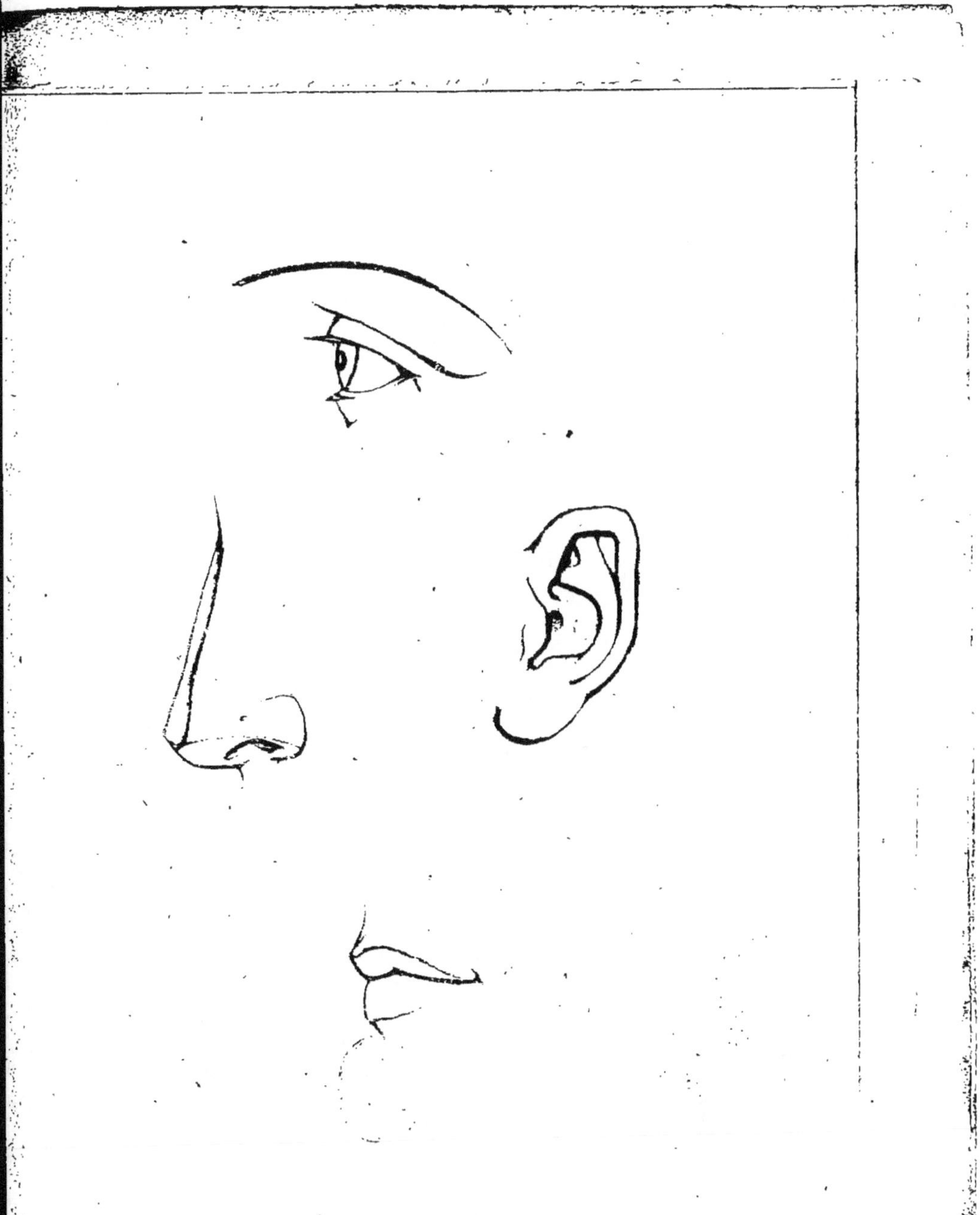

TÊTE DE PROFIL

vue directement.

La tête de profil vue directement figure un ovale dont la largeur, prise à la moitié de la hauteur, en fait les cinq sixièmes. L'ovale s'aplatit un peu à sa partie inférieure, et s'élargit un peu à sa partie supérieure. La partie postérieure de la tête forme une courbe beaucoup plus forte que du côté de la face, dont la partie inférieure forme deux angles assez prononcés. La chute du crâne, c'est-à-dire, la naissance du cou est au tiers de la hauteur de la tête.

La face ne prend que la moitié de la largeur de la tête.

La ligne qui indique le milieu de la face, et doit passer aussi au milieu de chaque trait, devient la ligne de profil.

La ligne des yeux passe au milieu de la hauteur de la tête. Elle est droite.

Il y a six fois et demie la longueur de l'œil dans la largeur de la face. La demie est à l'extrémité, du côté postérieur de la tête.

Le sourcil se marque au-dessus de la ligne des yeux, à distance d'un œil ;

Le nez, à la moitié du sourcil au bas de la face ;

Le menton, à la moitié du nez au bas de la face ;

La bouche, au milieu du nez et du menton.

Le front a, en hauteur, la longueur du nez.

L'oreille est élevée d'un peu moins d'un œil au-dessus de la ligne du nez ; elle se place au milieu de la largeur de la tête, mais en dehors de la face.

Toutes les lignes sur lesquelles sont placées ces différentes parties de la tête, sont parallèles.

Le sourcil touche à la ligne de profil. Il suit l'œil à peu près parallèle, et s'étend au-delà.

Le nez prend une direction oblique comme celle du front, en commençant sur la ligne des yeux. Il a, en largeur, deux fois la longueur de l'œil. La narine s'élève un peu au-dessus de la ligne du nez.

La bouche s'étend au-delà du nez, du quart de la largeur de celui-ci. La ligne abaissée de l'extrémité intérieure du nez, pour servir à déterminer l'extrémité de la bouche, doit être parallèle à la ligne de profil ; La bouche a un œil et demi de longueur.

Le menton ne prend, en grosseur, que les trois quarts depuis sa ligne jusqu'au bas de la face.

L'oreille s'élève jusqu'au sourcil, et prend une direction oblique comme le nez ; elle a, en largeur, la moitié de sa hauteur.

La racine des cheveux forme, au sommet du front, une ligne parallèle au sourcil, aussi loin qu'il s'étend, et forme ensuite une courbe prononcée rentrant dans la face, et qui va tomber au milieu de l'oreille. La même ligne continue derrière l'oreille, pour la racine des cheveux de la partie postérieure de la tête.

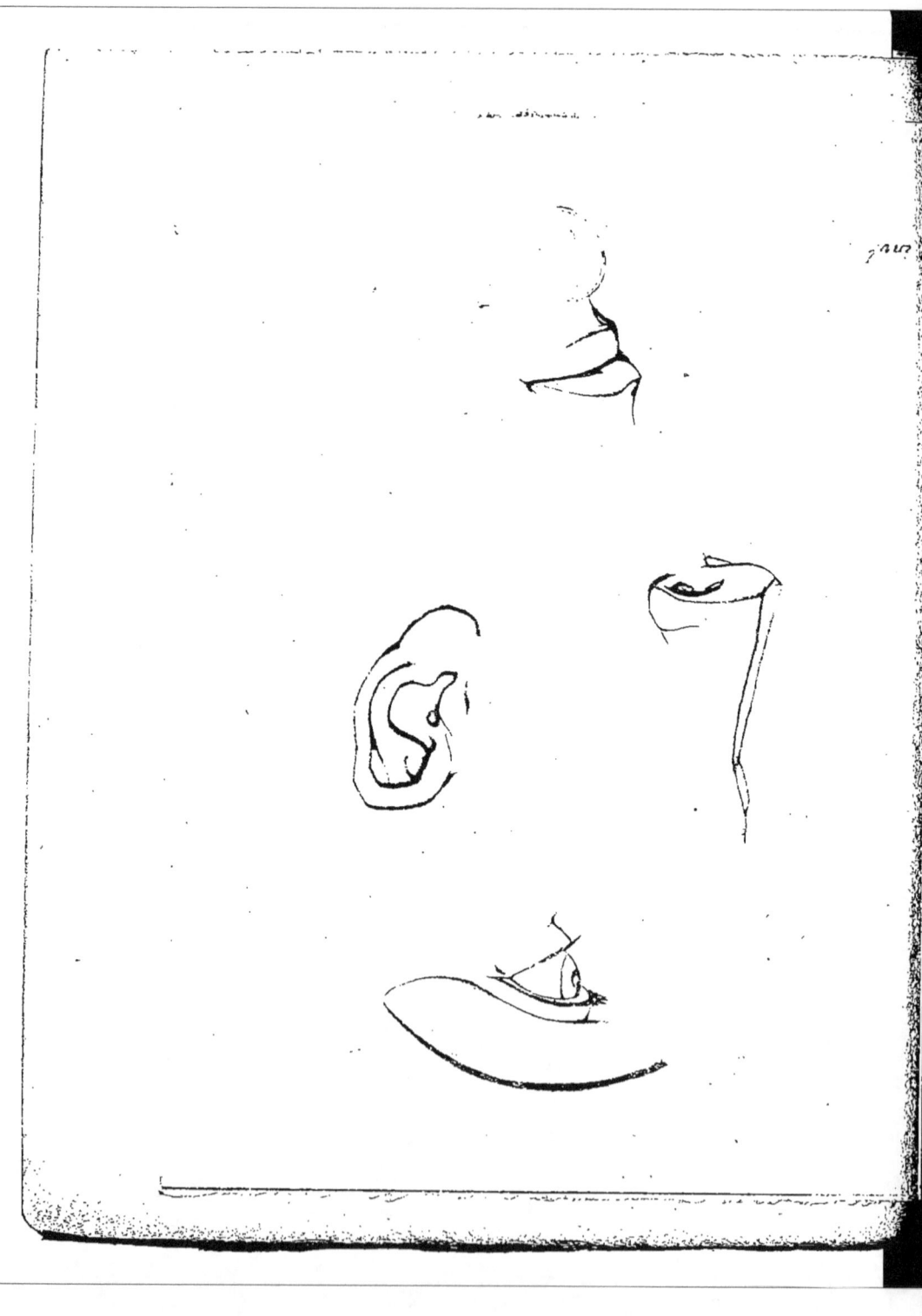

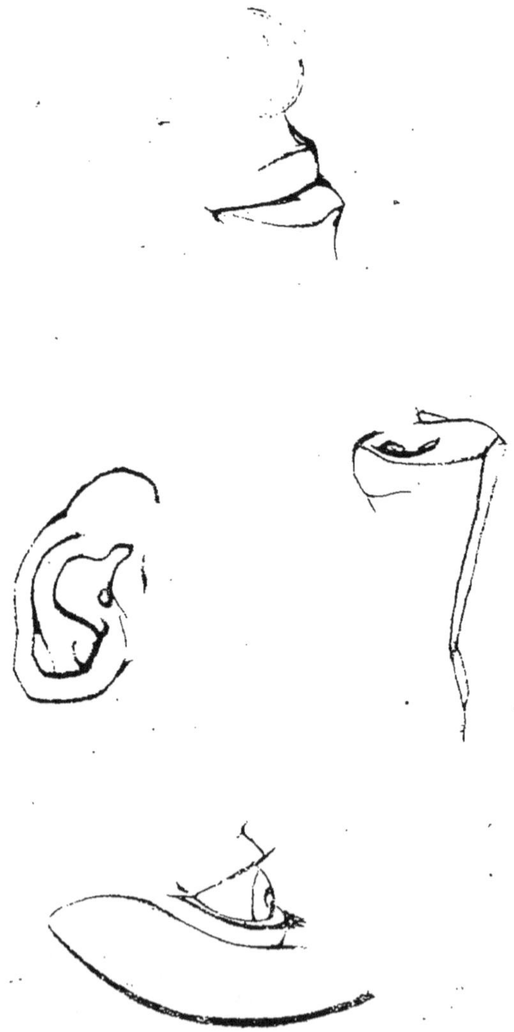

Tète de profil vue en dessous

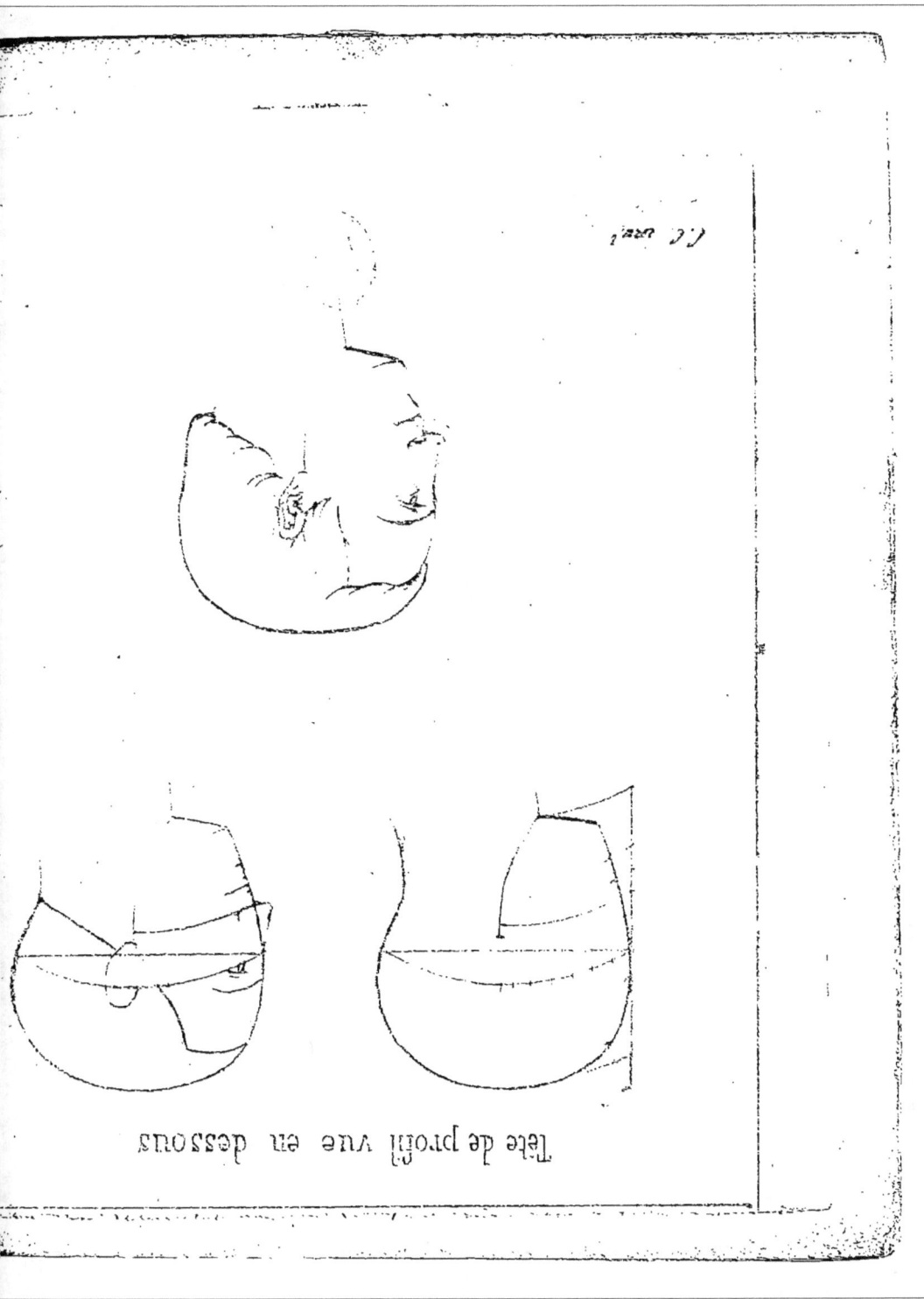

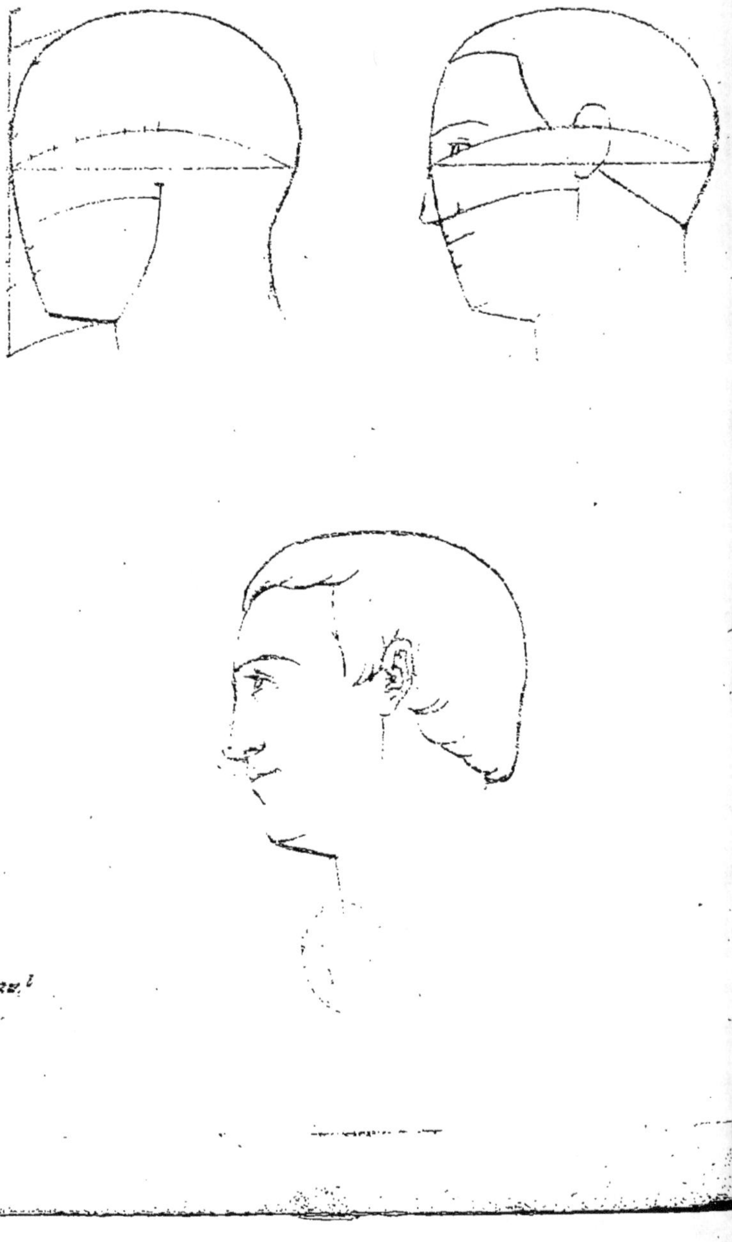

C.C. inv.t

TÊTE DE PROFIL

vue en dessous.

La tête de profil vue en dessous devient plus courte; la chute du crâne est au tiers de la hauteur de la tête.

La ligne des yeux devient courbe (concave); elle s'élève d'autant que la tête se raccourcit, mais ses extrémités retombent toujours aux extrémités de la ligne droite qui passerait au milieu de la hauteur de la tête.

Le sourcil s'élève d'un peu plus d'un œil au-dessus de la ligne des yeux.

Le nez est moins grand que la moitié du sourcil au bas de la face; la narine se rapproche de la ligne du nez ;

Le menton est plus grand que la moitié du nez au bas de la face; il ne prend, en grosseur, que les deux tiers, depuis sa ligne jusqu'au bas de la face.

La bouche est plus près du nez que du menton ;

Le front, moins élevé que la longueur du nez.

L'oreille diminue, pour la hauteur, dans les mêmes proportions que le nez, mais elle conserve sa largeur.

(On aperçoit un peu du sourcil, de la narine, de la bouche et du menton de l'autre côté de la face.)

Plus la tête est vue en dessous, plus ces remarques sont sensibles.

Tête de profil vue en dessus

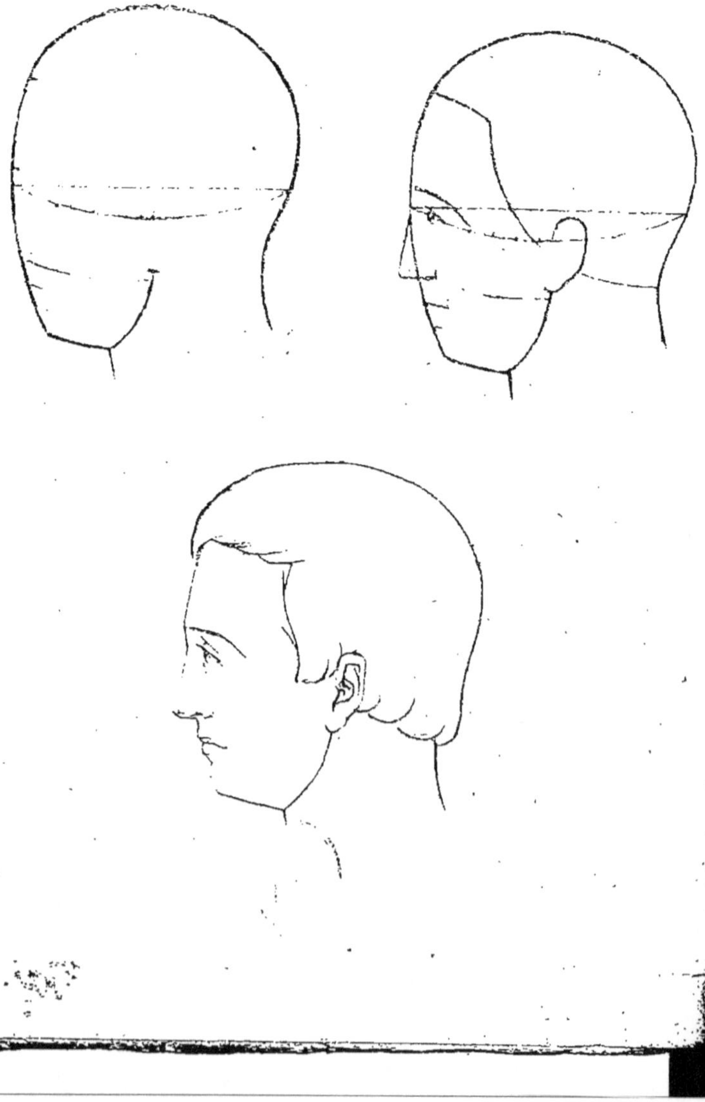

C.C. inv.t

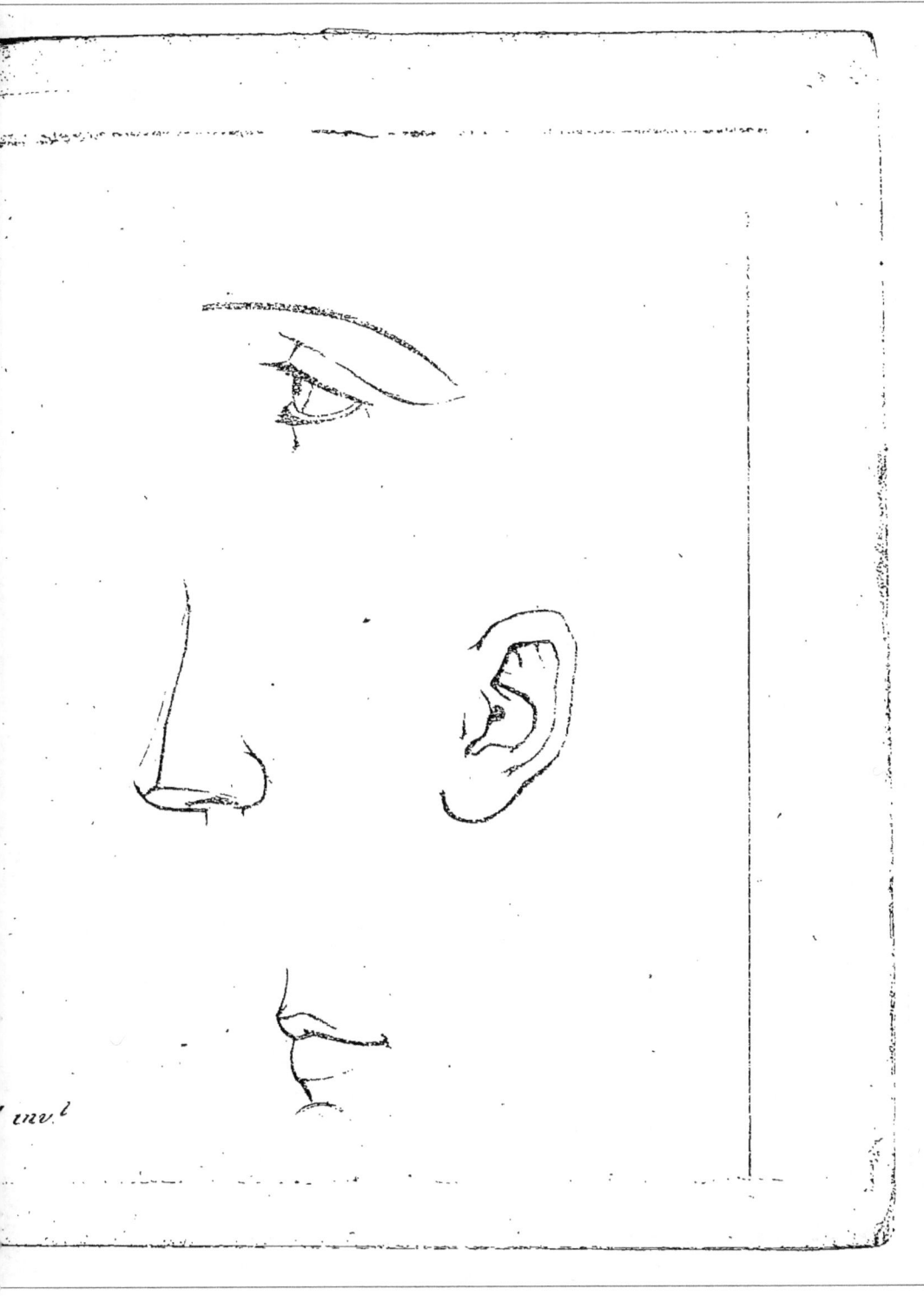

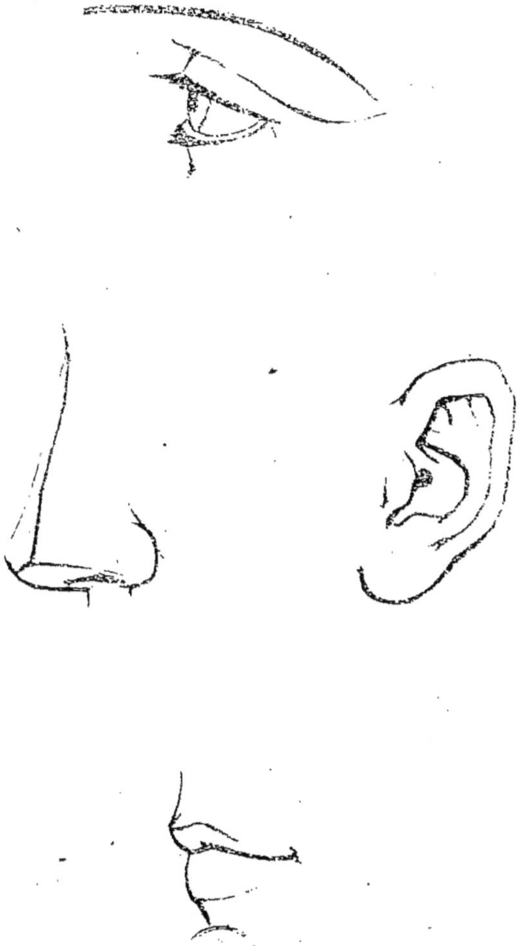

inv.l

TÊTE DE PROFIL

vue en dessus.

La tête de profil vue en dessus n'éprouve aucun changement bien sensible dans sa forme. La chute du crâne est un peu au-dessous du tiers de la hauteur de la tête.

La ligne des yeux devient courbe (convexe), mais ses extrémités remontent toujours aux extrémités de la ligne droite qui passerait au milieu de la hauteur de la tête.

Le sourcil s'élève d'un peu moins d'un œil au-dessus de la ligne des yeux.

Le nez est plus grand que la moitié du sourcil

au bas de la face ; la narine se rapproche de la ligne du nez.

Le menton est moins grand que la moitié du nez au bas de la face ; il prend, en grosseur, toute la distance depuis sa ligne jusqu'au bas de la face.

La bouche est plus près du menton que du nez ;

Le front, plus élevé que la longueur du nez.

L'oreille diminue, pour la hauteur, dans les mêmes proportions que le nez, mais elle conserve sa largeur.

Plus la tête est vue en dessus, plus ces remarmarques sont sensibles. Le menton même et la bouche pourraient disparaître entièrement : la tête alors deviendrait plus courte.

Tête d'Enfant.

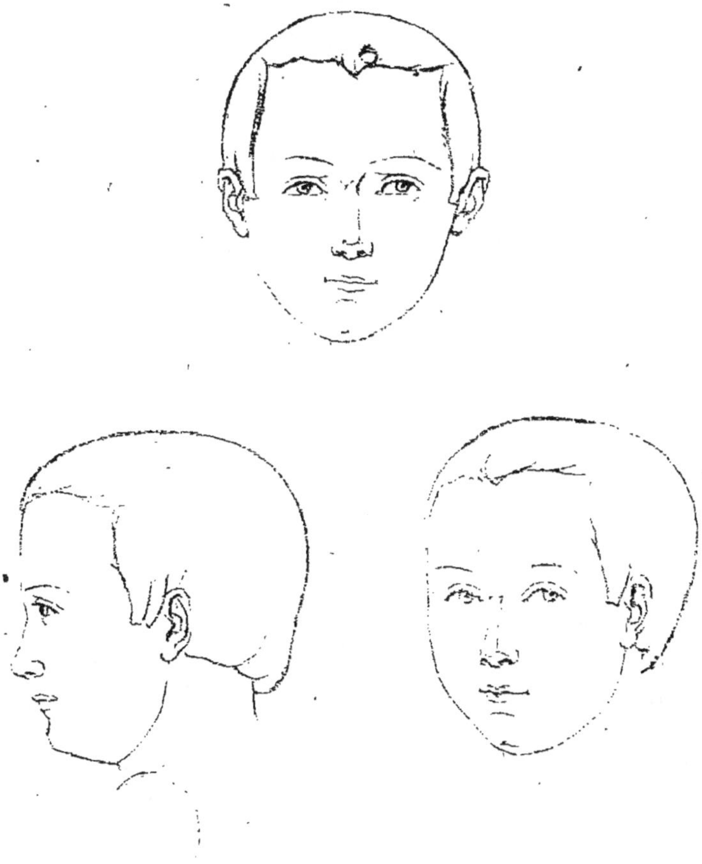

C C invt

TÊTE D'ENFANT.

La tête d'enfant est généralement plus ronde.

La ligne des yeux est plus basse que le milieu de la tête ;

Le nez n'a, en largeur, que les trois quarts de la distance comprise entre les deux yeux ;

La bouche est proportionnée à la largeur du nez.

Dans le trois quarts,

Le nez, creusant un peu à sa racine, se trouve plus oblique que le front ;

L'oreille diminue dans les mêmes proportions que le nez, mais elle est un peu moins oblique.

Dans le profil,

Le front se retire un peu à sa partie inférieure, et la racine du nez se rapproche de l'œil ; le nez est par conséquent plus oblique que le front ;

Le nez n'a, en largeur. qu'une fois et demie la longueur de l'œil ;

L'oreille diminue dans les mêmes proportions que le nez, mais elle est moins oblique.

MANIÈRE LA PLUS SIMPLE

POUR TRACER.

J'ai suivi, dans ce livre, l'ordre qui m'a offert le plus de facilité pour expliquer aux élèves des proportions que j'ai cherché à simplifier et régulariser autant qu'il m'a été possible, afin de les graver plus facilement dans la mémoire ; mais cette marche étant plus convenable pour le raisonnement que pour la pratique, je crois devoir, sans craindre de nuire à la clarté de cet ouvrage, indiquer ici en quelques mots celle qui me paraît la plus simple à suivre.

(Voyez aux premières planches des *têtes de face*, *de trois quarts* et *de profil*, au bas de la page.)

On procède dans l'ordre suivant :

La silhouette (ou contour) de toute la tête ;

La ligne intérieure des cheveux, déterminant le contour de la face ;

La place des détails, ainsi qu'il suit : le sourcil, le nez, le menton, la bouche, l'oreille. (L'œil, dont la place serait un peu difficile à déterminer, peut ne pas se marquer dans ce premier ensemble.) La face se divise en trois parties égales : le front, le nez et le bas de la face.

On marque ensuite la silhouette de chaque détail, savoir : le nez, dont la largeur doit faire la moitié de la hauteur (excepté dans le trois quarts, où il est un peu plus étroit), la bouche, l'œil et l'oreille.

Il suffit d'élever, des narines, des lignes parallèles à la ligne du nez, pour déterminer la place des yeux (Voyez, pour la manière d'indiquer ces détails, à la deuxième tête des premières planches *de face*, *de trois quarts* et *de profil*).

En indiquant la silhouette de toute la tête, ainsi que celle des détails, on doit régulariser, en ne tenant pas compte des sinuosités qui peuvent se rencontrer, et en traitant tout, autant que possible, par des lignes droites.

On s'occupe ensuite de la forme du tout, en cherchant, par la grâce des contours, à enlever la raideur que les lignes droites auraient pu répandre dans l'ouvrage.

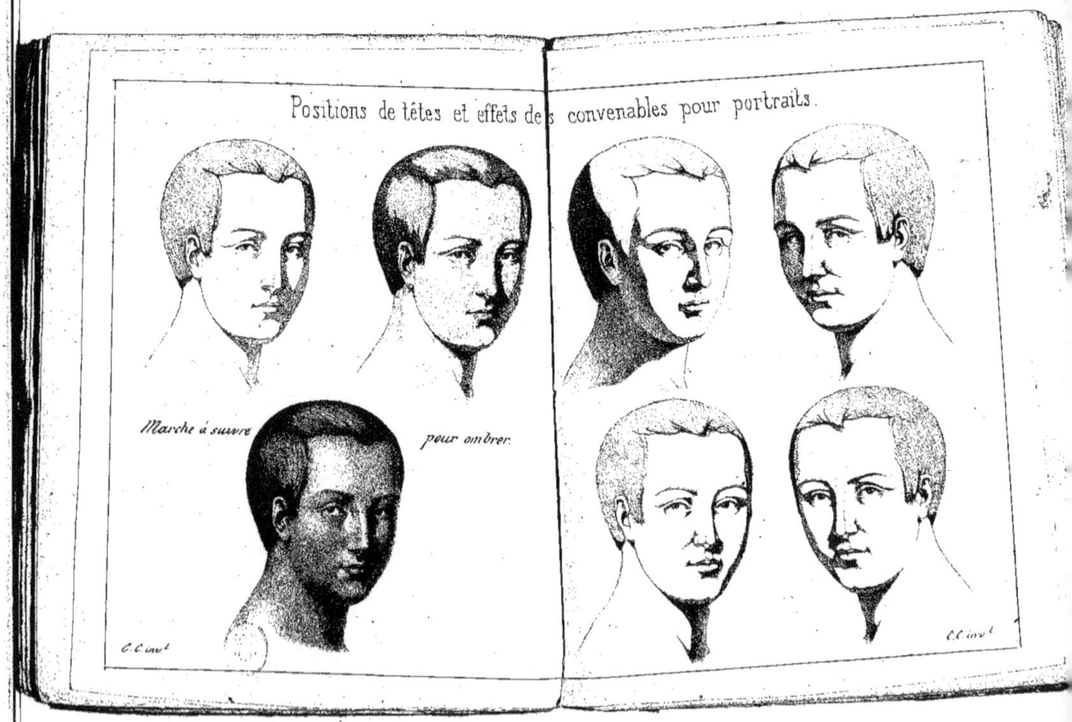
Positions de têtes et effets de[s] convenables pour portraits.
Marche à suivre
pour ombrer.
C. C. invt
C. C. invt

MANIÈRE LA PLUS SIMPLE

POUR OMBRER.

On remarque d'abord *la masse d'ombre* (ou d'obscur) et *la masse de lumière* (ou de clair).

Chacune de ces masses se divise ensuite en deux:

Dans l'ombre proprement dite, on distingue de petites ombres plus vives, appelées *ombres absolues* (Elles sont placées généralement dans les parties les plus creuses). Dans la masse de clair, on distingue quelques parties brillantes, appelées *points lumineux* ou *clairs absolus* (Ils sont placés généralement sur les parties les plus proéminentes). Tout ce qui n'est pas point lumineux, est *demi-teinte*. (Il est bon de tracer les points lumineux un peu grands, afin d'avoir plus de facilité pour finir).

En finissant, on observe aussi, dans la masse d'ombre, des *reflets* (placés en dessous des parties saillantes de l'ombre, du côté opposé à la lumière), et, dans la masse de lumière, des *demi-teintes fortes*, placées sur le bord des ombres et dans les parties creuses.

Observations. C'est l'heureuse distribution de ces différentes masses de *clair* et *d'obscur* que l'on appelle *entente du clair-obscur*.

C'est du juste degré de force, en approchant du blanc ou du noir, que l'on donne à chacune de ces masses, que naît *l'harmonie des tons*.

Le dessin proprement dit, est l'exactitude linéaire des contours de toutes les parties d'un ouvrage.

Il y a dans les arts deux parties distinctes : l'Art proprement dit et la Science de l'art. Cette dernière seule est susceptible de règles précises.

Le clair-obscur, l'harmonie des tons et le dessin composent la science de l'art de la peinture.

La peinture est l'art de représenter sur une

surface unie, à l'aide de couleurs (quel qu'en soit le nombre), toute chose réelle ou idéale, c'est-à-dire telle que l'offre la nature ou l'imagination.

Deux couleurs, le blanc et le noir (le ton le plus clair et le ton le plus foncé), peuvent rigoureusement suffire pour peindre, puisque leur mélange est susceptible de produire une quantité aussi innombrable de tons que toutes les couleurs réunies. La peinture est seulement moins complète, les objets peints étant privés de leur couleur propre.

Ce que l'on est convenu d'appeler dessiner, n'est donc autre chose que l'art de peindre sur papier blanc au moyen d'un crayon noir (ou couleur noire), étendu de telle ou telle manière. (Cet art subit ensuite beaucoup de modifications, selon le caprice des personnes qui le cultivent).

DEUXIÈME PARTIE.

CARACTÈRE

DES DIFFÉRENTES PASSIONS.

Tout ce qui cause à l'âme quelque passion communique aux traits de la face une forme caractéristique.

Toutes les passions peuvent se rapporter à cinq principales :

Passions tranquilles ;
Passions agréables ;
Passions tristes ;
Passions violentes et douloureuses ;
Passions violentes et terribles.

PASSIONS TRANQUILLES.

Dans les passions tranquilles, tout reste dans les règles données précédemment.

(Voyez *la tête finie de face, de trois quarts et de profil*).

Passions agréables.

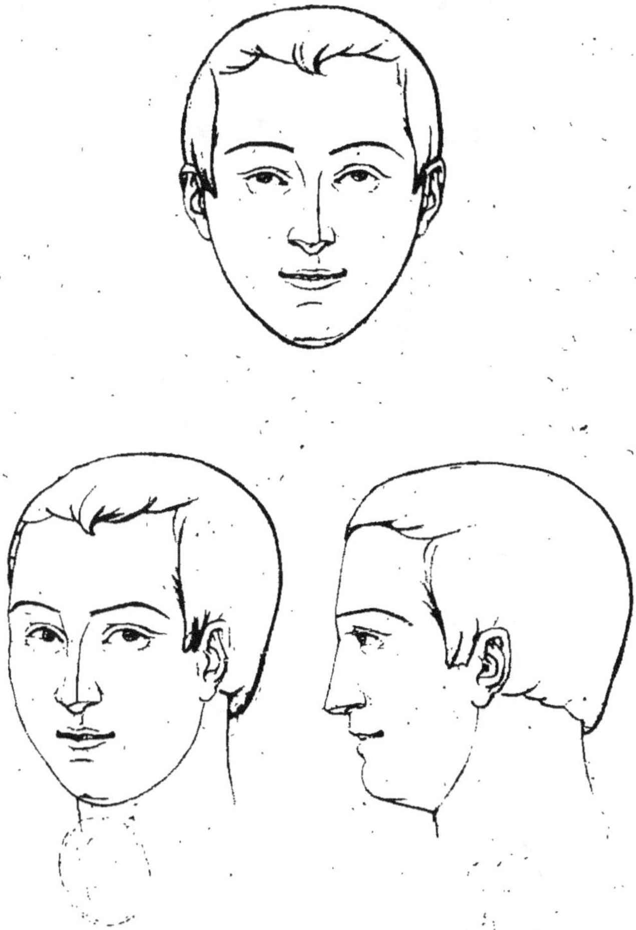

C. C. inv^{t}

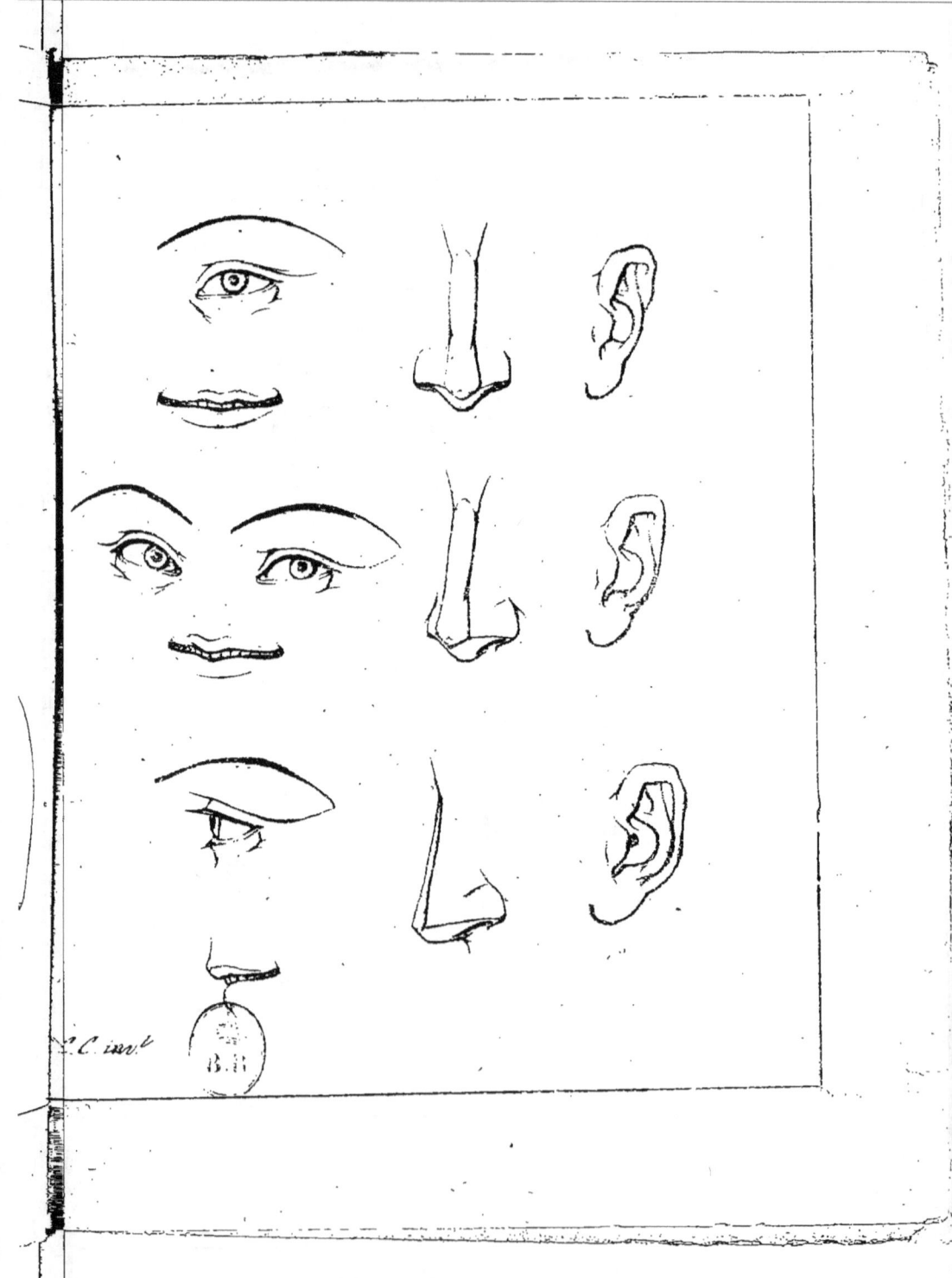

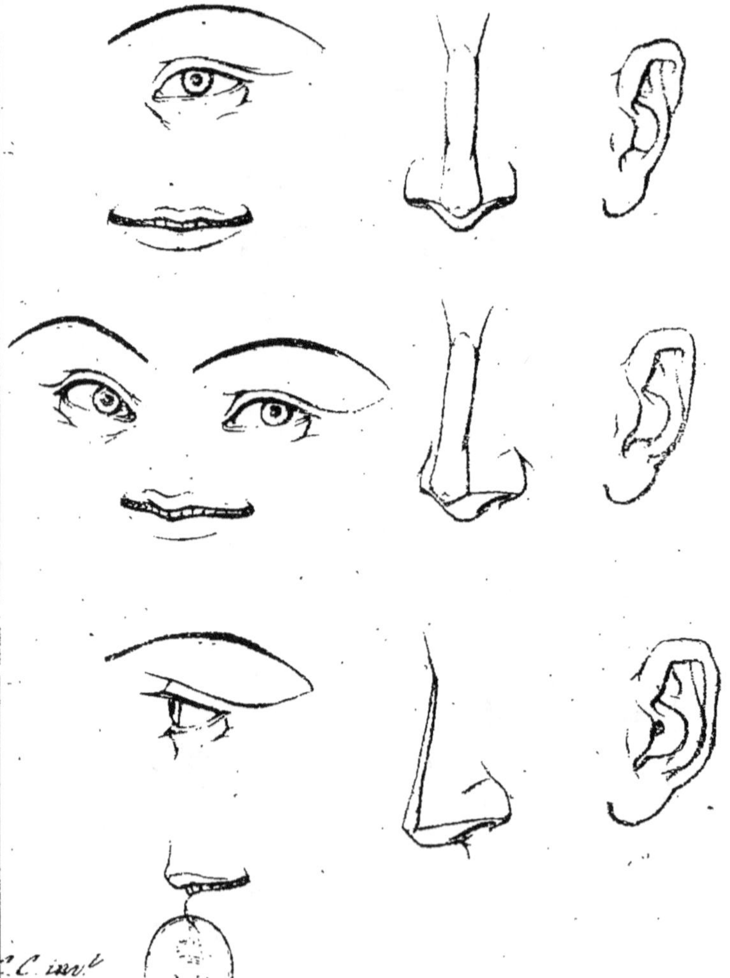

C. inv.t

PASSIONS AGRÉABLES.

Dans les passions agréables, les traits de la face s'élèvent à leurs extrémités extérieures.

Le nez et la bouche s'élargissent; la lèvre supérieure se sépare de la lèvre inférieure, et laisse apercevoir les dents d'en haut.

Passions tristes.

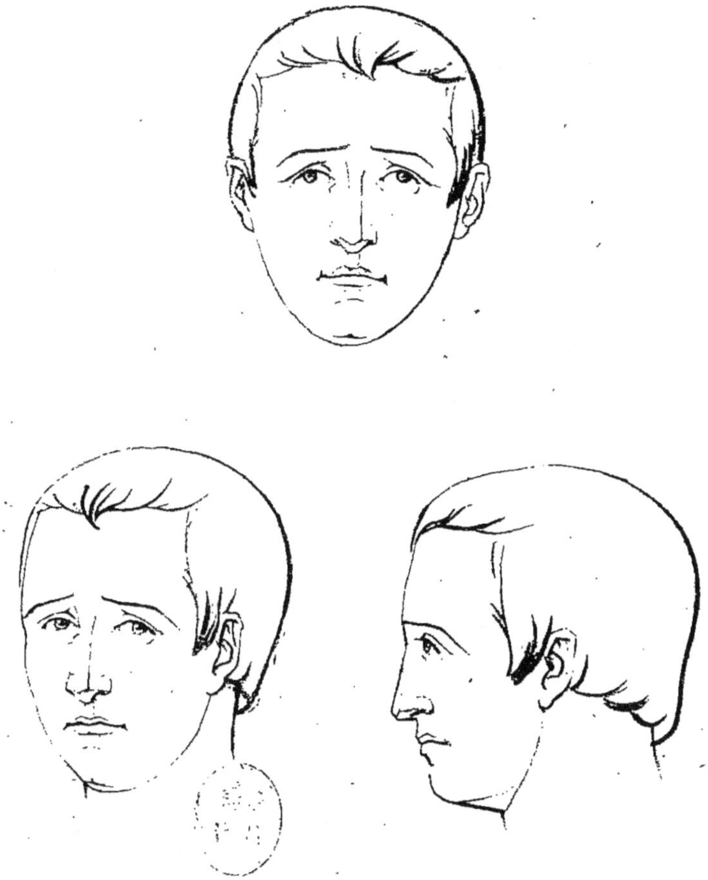

C. C. inv^{t}

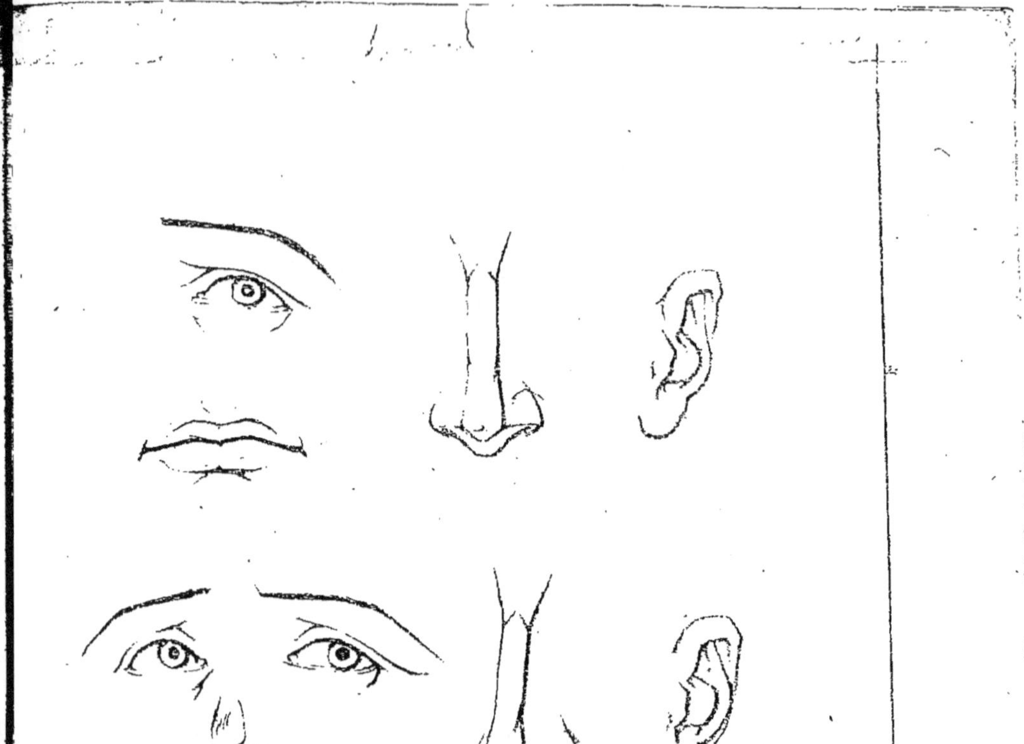
C.C. inv l

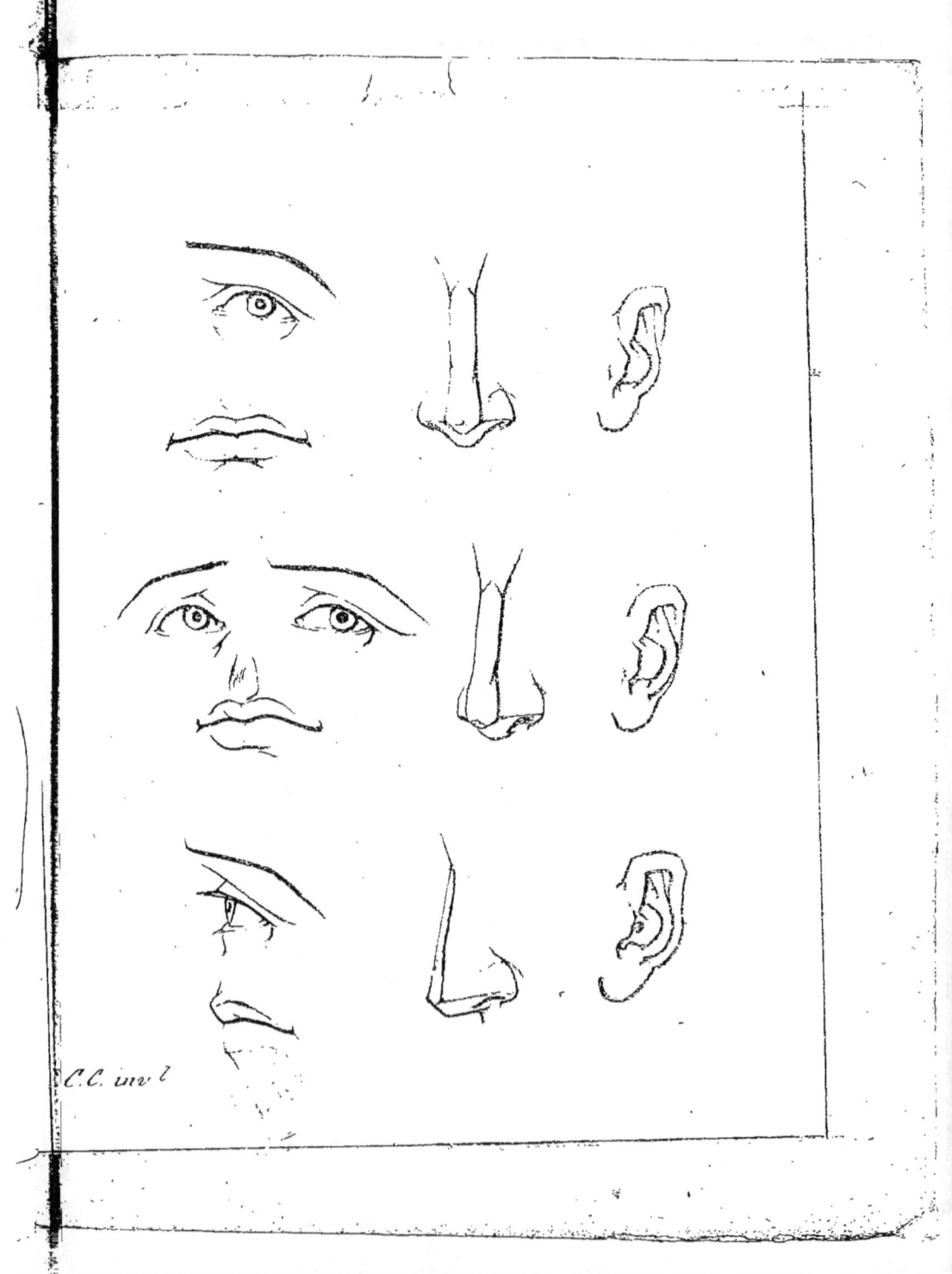

PASSIONS TRISTES.

Dans les passions tristes, les traits de la face s'abaissent à leurs extrémités extérieures ; les narines seules s'élèvent.

Passions violentes et douloureuses.

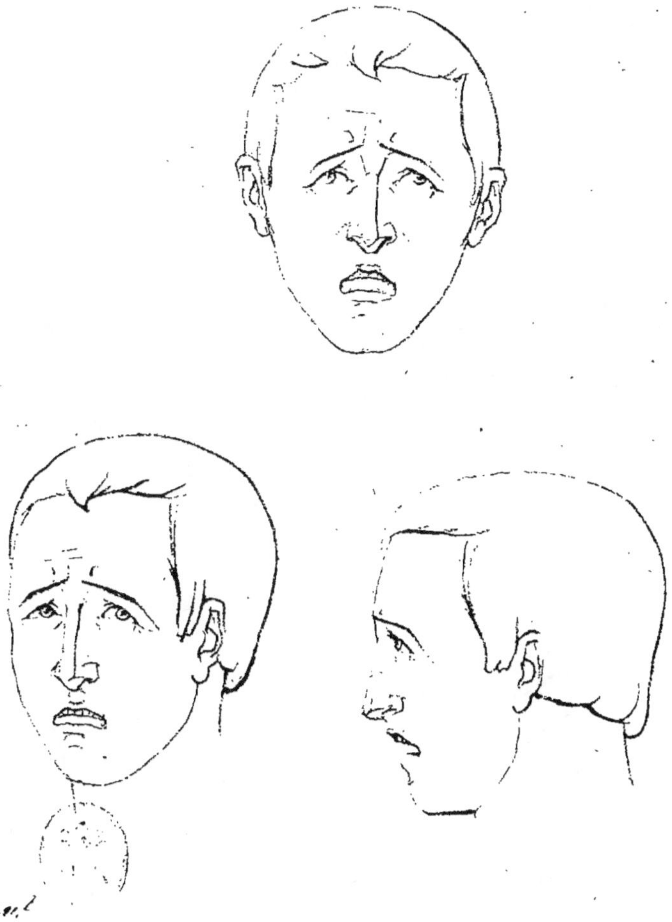

C. C. inv.t

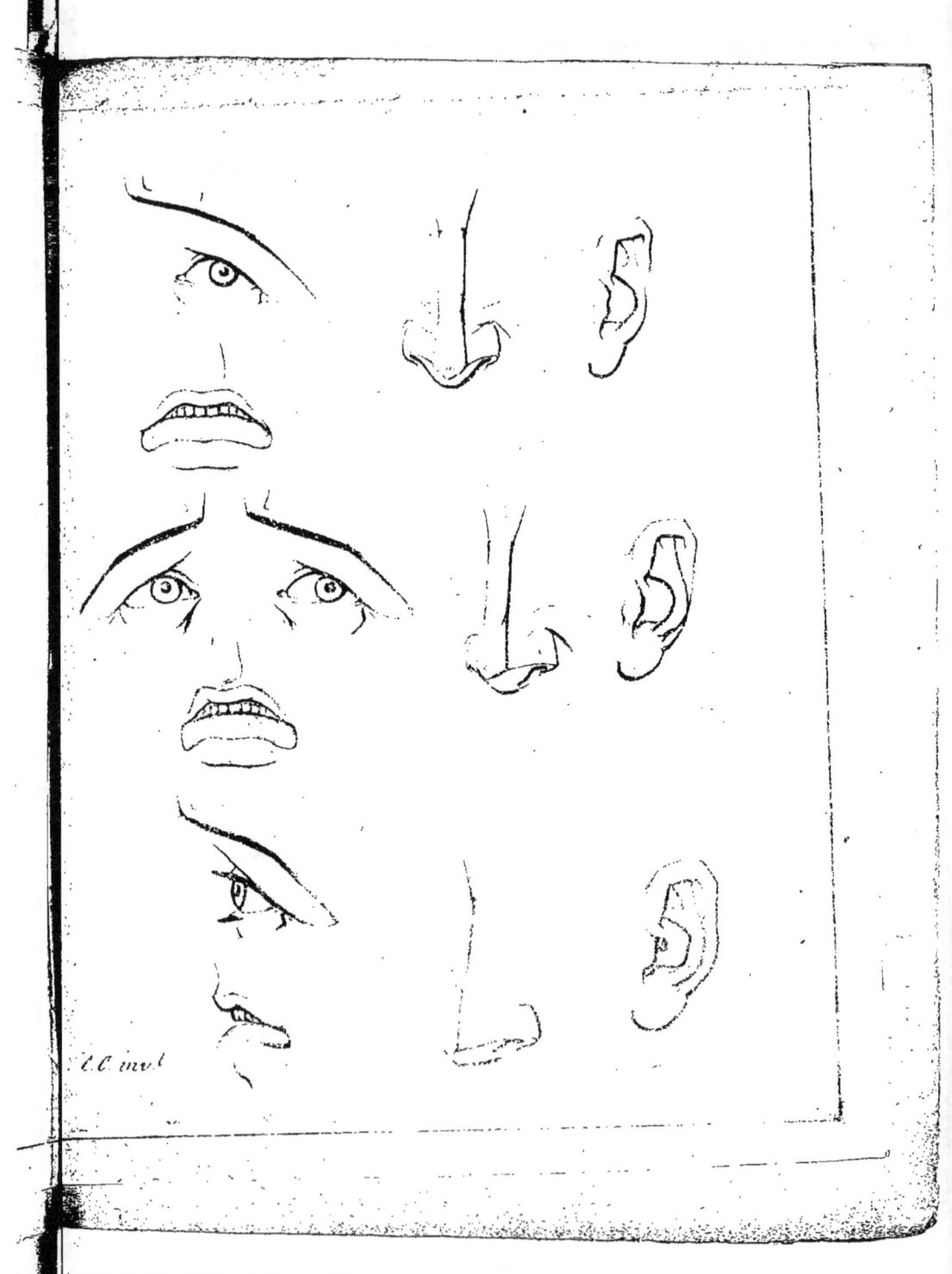

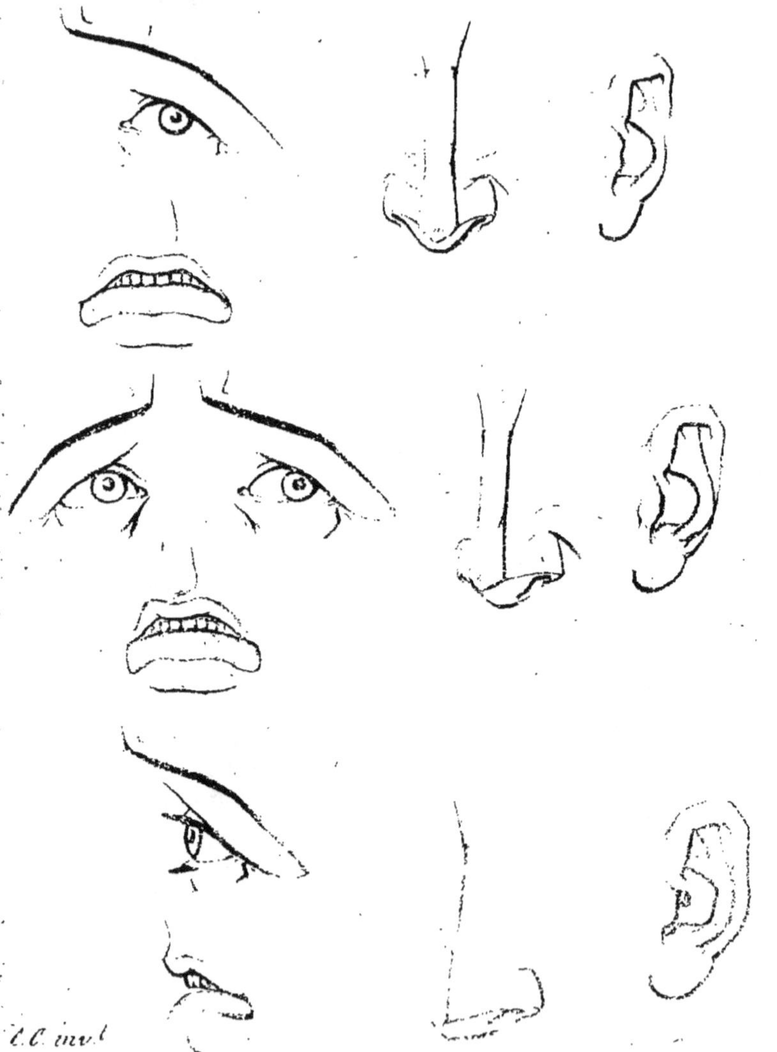

C.C. inv.t

PASSIONS VIOLENTES

ET DOULOUREUSES.

Dans les passions violentes et douloureuses, les sourcils s'élèvent à leur extrémité intérieure et se rapprochent; le front se couvre de rides; les narines se gonflent et s'élèvent; la bouche s'ouvre et se contracte de manière à laisser paraître les dents d'en haut.

La face alors s'allonge à sa partie inférieure; les yeux sont plus hauts que le milieu de la tête d'autant que celle-ci s'allonge; le nez est, dans les mêmes proportions, plus court que la moitié des sourcils au bas de la face. Le menton diminue aussi dans les mêmes proportions ; et, pour la bouche, on marque la ligne formée par les dents, puisque, lorsque la bouche s'ouvre, c'est la mâchoire inférieure qui s'abaisse.

Si la tête était dans une position telle que l'on pût apercevoir le derrière du crâne, la naissance du cou devrait se trouver aussi plus élevée que le tiers de la hauteur de la tête d'autant que celle-ci aurait été allongée.

Passions violentes et terribles

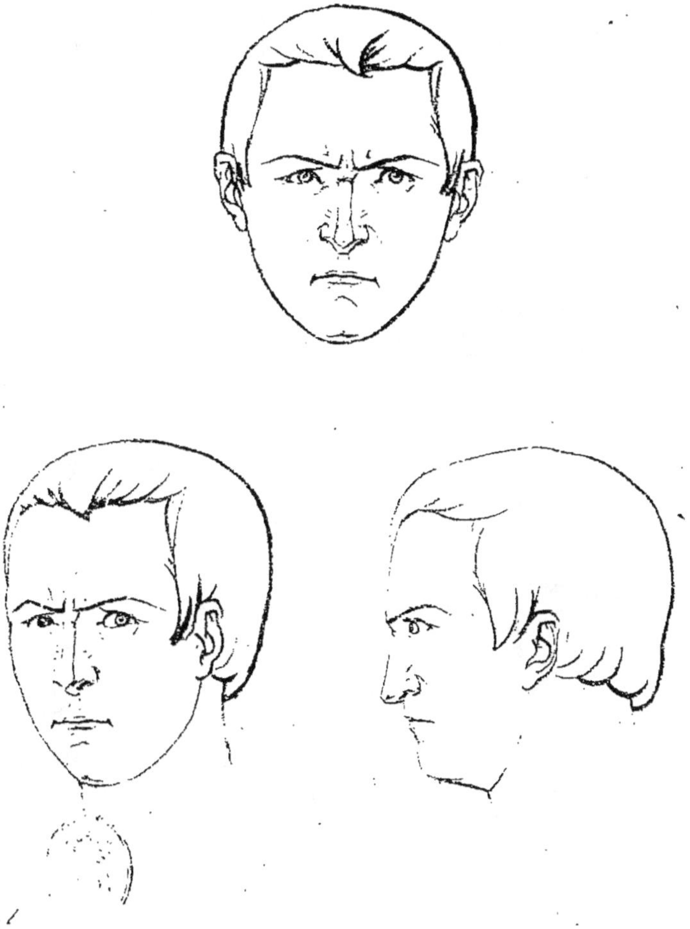

C.C. inv.t

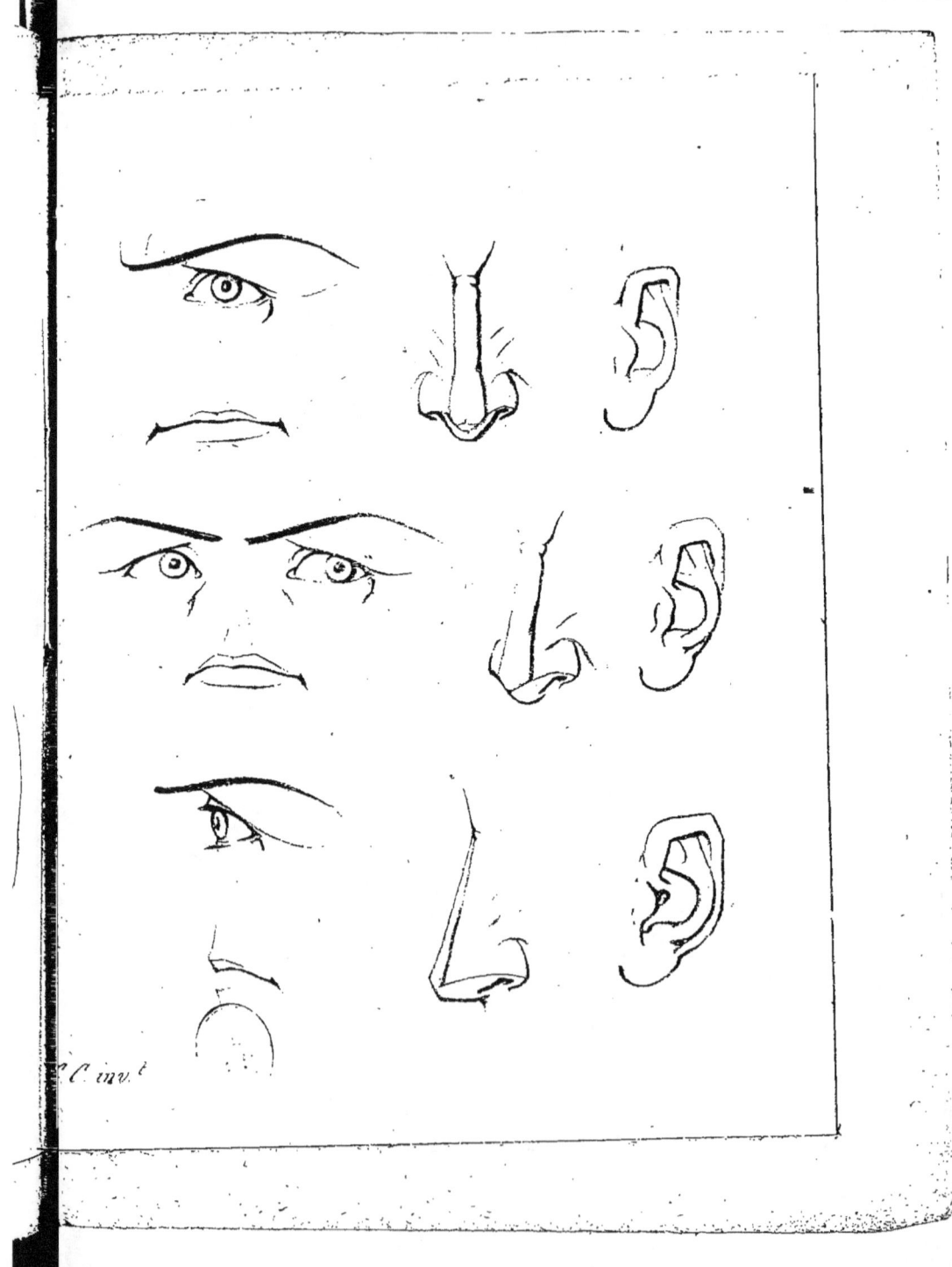

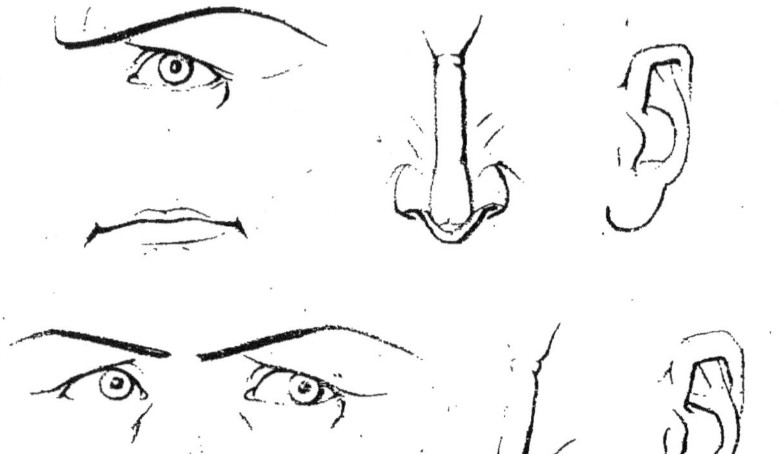

C. C. inv.t

PASSIONS VIOLENTES

ET TERRIBLES.

Dans les passions violentes et terribles, les sourcils s'abaissent à leur extrémité extérieure et se rapprochent ; les narines se gonflent et s'élèvent ; des rides se forment au-dessus, ainsi qu'à la partie supérieure du nez ; l'œil s'ouvre d'une manière forcée et s'arrondit ; la bouche est fermée, et les mâchoires se pressent avec force.

Têtes intermédiaires

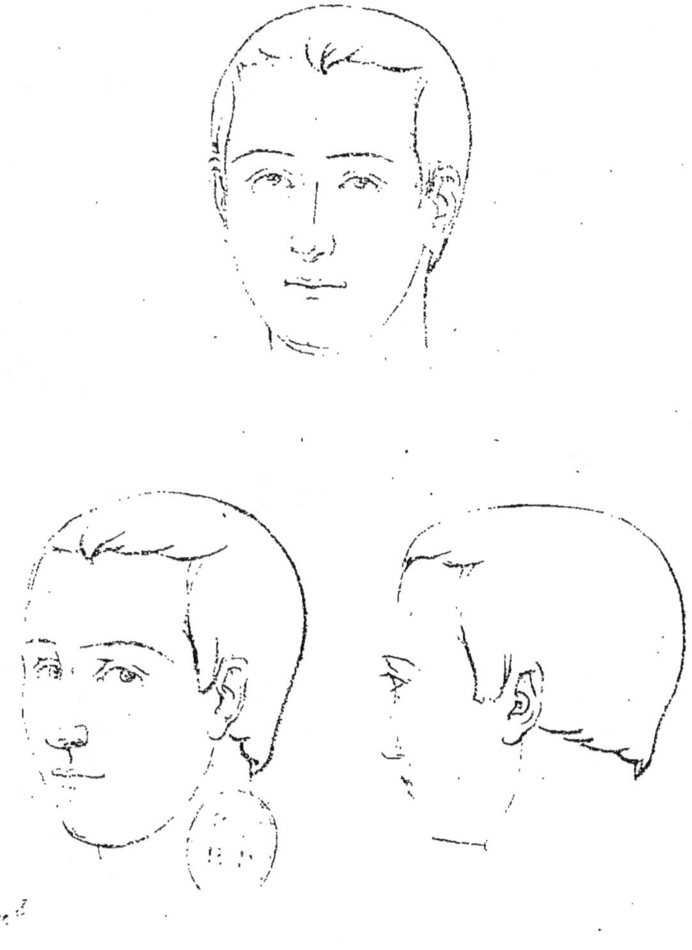

C C inv.t

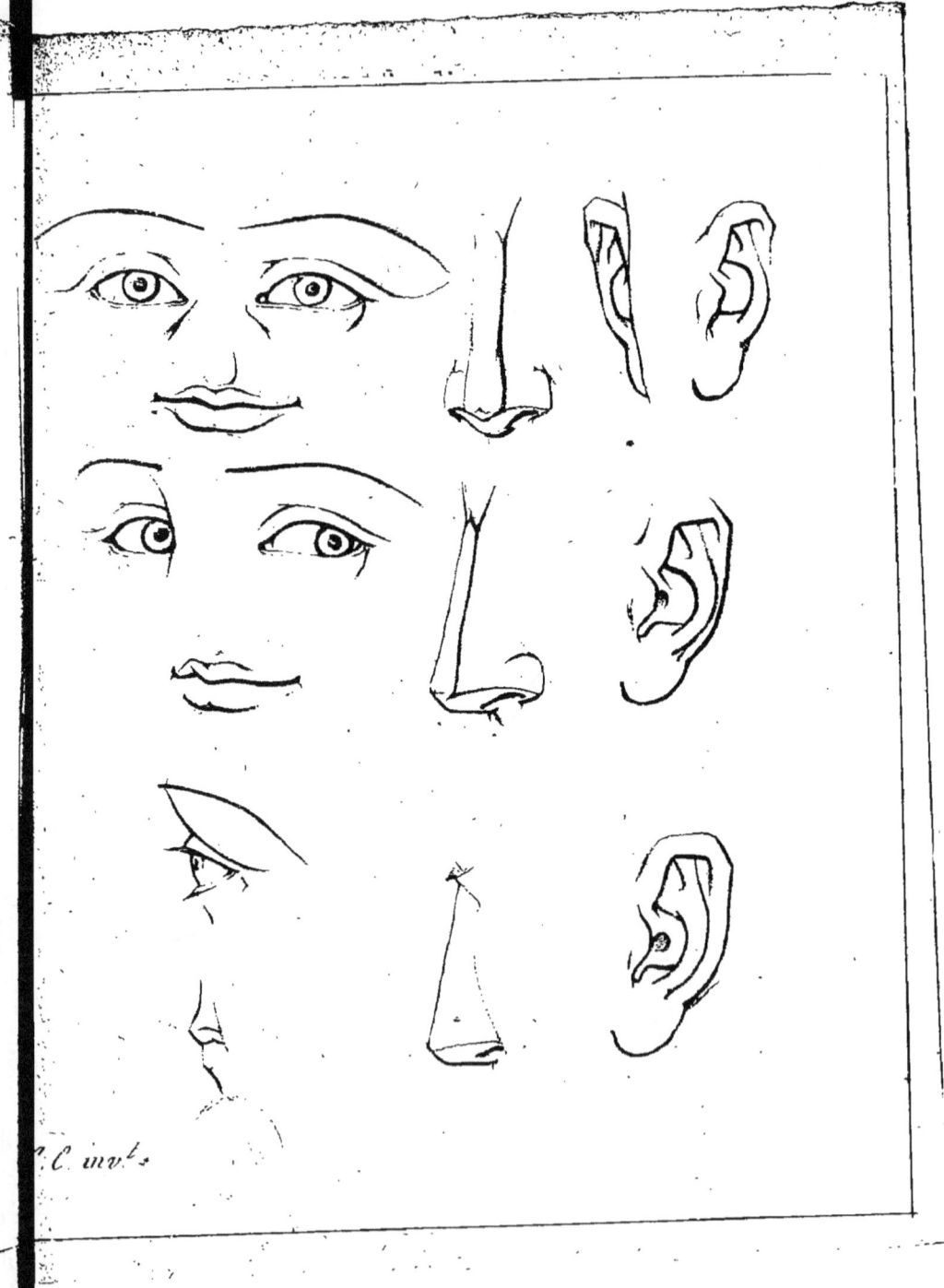

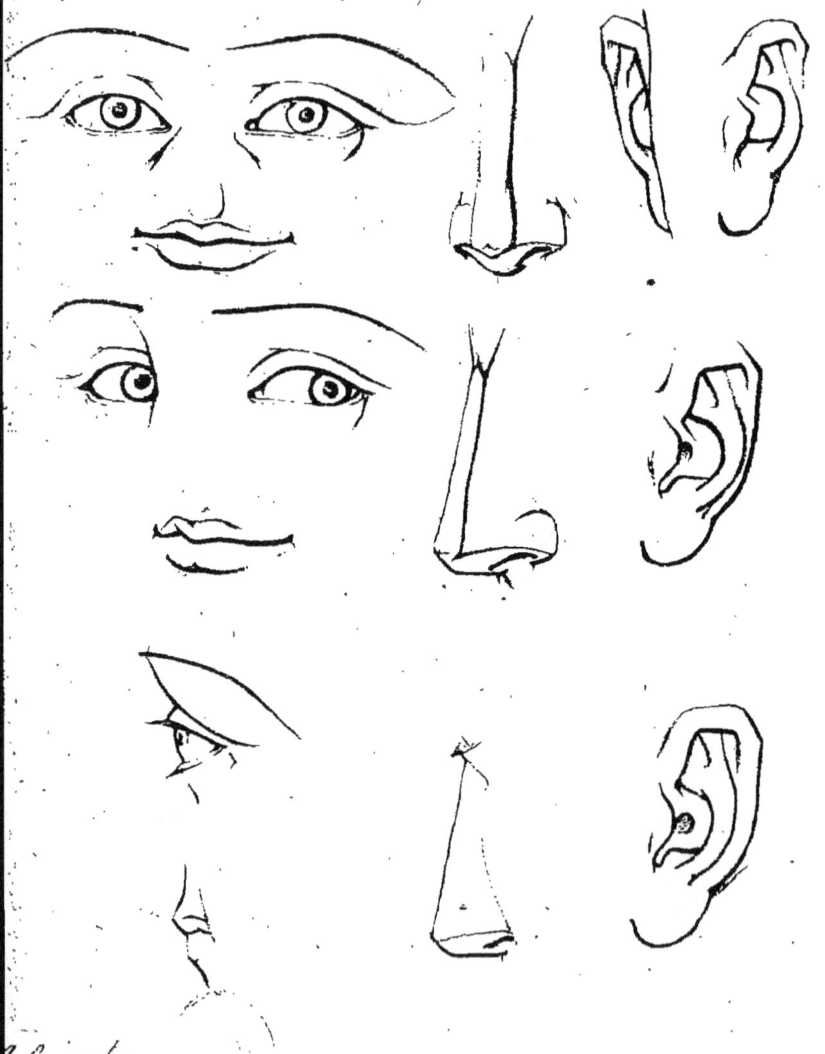

.C. inv.t

Détails divers.

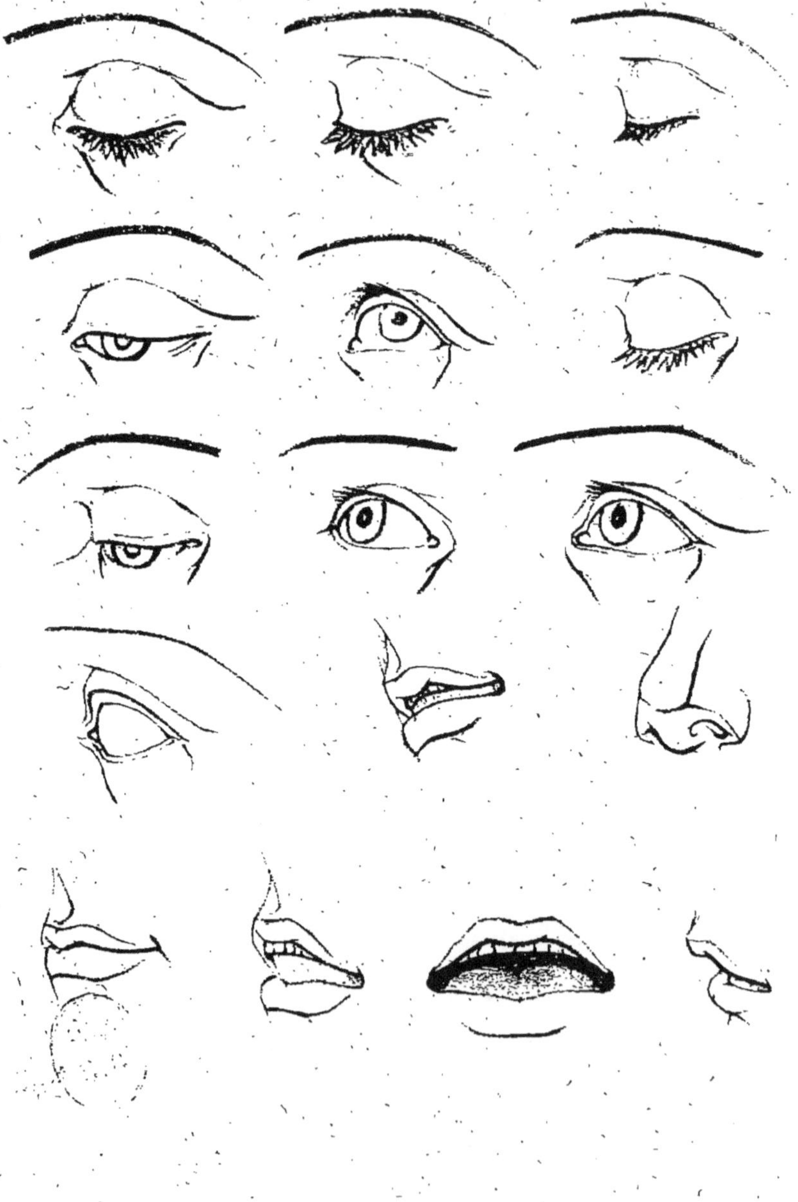

www.ingramcontent.com/pod-product-compliance
Lightning Source LLC
Chambersburg PA
CBHW070255230526
45470CB00002B/604
* 9 7 8 2 0 1 3 7 1 2 3 1 6 *